세정 최창학 한시집

산처럼 바다같이
若山如海

오늘의문학사

세정 최창학 한시집

산처럼 바다같이
若山如海

머리말

어릴 적 서당에서 한학을 공부하면서 싹텄던 시심(詩心)을 묻어둔 채 오십여 성상을 보냈습니다.

그동안 가르치고 배우는 숨 가쁜 시간들, 그 삶을 반추해 보고 남은 생에 대한 그림을 그리던 중 다시 아득한 옛날로 돌아가 하마터면 고사(枯死)할 뻔했던 싹을 다시 찾았습니다.

우리는 살아가면서 실로 많은 생각을 하고 표현을 하게 됩니다.

평소 삶의 철학이나 색다른 경험 등을 시적 감정으로 자유롭게 펼쳐보기도 하고 한시(漢詩)의 틀 속에 넣어 녹여내면서 내면의 세계를 함축적으로 나타내기도 합니다.

형식이 엄격한 한시는 음수(音數), 평측(平仄), 압운(押韻) 등의 조건을 충족해야 하는 독특한 성격과 나름의 멋과 향이 느껴지곤 합니다. 그런데 운자는 중국의 성운법에 의한 것으로 기실(其實) 우리 음과는 다른 경우도 많아 때론 자유로워지고픈 마음을 감출 수가 없었습니다.

한시의 독자성과 저자(著者)의 둔감 등으로 머뭇거리다 오늘 얼굴을 내밀며 제현의 아낌없는 질정(叱正)을 바랍니다.

늘 관심과 성원을 아끼지 않으시는 모든 분들께 고마운 말씀을 드립니다.

감사합니다.

2025년 을사 새봄
세정 최 창 학

차례

머리말 ·· 5

제1부 자연〈自然〉을 벗 삼아

佳景 가경 / 아름다운 풍치 ·· 15
甘雨 감우 / 단비 ·· 16
鷄龍山雪香 계룡산설향 / 계룡산 눈꽃 향기 ························ 17
錦江Ⅰ 금강Ⅰ / 금강Ⅰ ·· 18
錦江Ⅱ 금강Ⅱ / 금강Ⅱ ··· 19
錦繡江山 금수강산 / 아름다운 우리나라 ····························· 20
丹望月 단망월 / 붉은 보름달 ·· 21
薝葍 담복 / 치자꽃 ··· 22
冬柏花 동백화 / 동백꽃 ·· 23
冬情 동정 / 겨울 정취 ·· 24
無擾世 무요세 / 어지럼 없는 세상 ······································ 25
白蘭 백란 / 백목련 ··· 26
變容 변용 / 달라지는 얼굴 ··· 27
山諭 산유 / 산의 깨우침 ··· 28
山姿 산자 / 산의 풍취 ·· 29
瑞雪 서설 / 상서로운 눈 ··· 30
雪花 설화 / 눈송이 ··· 31
野菊 야국 / 들국화 ··· 32

炎暑 염서 / 불꽃 더위 ·· 33
葉 엽 / 잎새 ·· 34
異冬 이동 / 딴 겨울 ·· 35
一株松 일주송 / 한 그루 소나무 ······································ 36
塵空 진공 / 먼지 하늘 ·· 37
啄木鳥 탁목조 / 딱따구리 ·· 38
風 풍 / 바람 ·· 39
海畔 해반 / 바닷가 ·· 40
香山 향산 / 향기로운 산 ·· 41
花開鳴鳥 화개명조 / 꽃 피고 새도 노래하고 ·················· 42
和蓮 화련 / 조화로운 연 ·· 43
花雨 화우 / 꽃비 ·· 44

제2부 인생〈人生〉을 노래하며

空手 공수 / 빈손 ·· 47
今日 금일 / 오늘 ·· 48
來往 내왕 / 오고 감 ·· 49
露華 노화 / 반짝이는 이슬 ·· 50
冬賓 동빈 / 겨울 손님 ·· 51
無常 무상 / 덧없음 ·· 52
霧中春夢 무중춘몽 / 안갯속 봄꿈 ···································· 53
半歲 반세 / 한 해의 절반 ·· 54
福 복 / 복 ·· 55
浮生 부생 / 덧없는 인생 ·· 56

7

生祺 생기 / 태어난 복 ·· 57
生路 생로 / 낯선 길 ·· 58
蟬語 선어 / 매미 우는 소리 ································ 59
蕭秋 소추 / 쓸쓸한 가을 ····································· 60
繡顔 수안 / 수놓은 얼굴 ····································· 61
迅咎 신구 / 빠른 세월 ·· 62
予步 여보 / 이내 발길 ·· 63
旅抱 여포 / 나그네 회포 ····································· 64
榮落 영락 / 꽃이 피고 지고 ································ 65
往道 왕도 / 가는 길 ·· 66
流歲 유세 / 흐르는 세월 ····································· 67
薔薇花 장미화 / 장미꽃 ······································ 68
天上畵 천상화 / 하늘 위 그림 ···························· 69
草露 초로 / 풀에 맺힌 이슬 ································ 70
秋氣 추기 / 가을 기운 ·· 71
秋旅 추려 / 가을 나그네 ····································· 72
吐遞函 토체함 / 게우는 우체함 ·························· 74
泡珠 포주 / 거품 구슬 ·· 75
行路 행로 / 세상살이 ·· 76
虛想 허상 / 부질없는 생각 ·································· 77

제3부 인연〈因緣〉향기 따라

家福 가복 / 집안의 행복 ····································· 81
感謝 감사 / 고마움 ·· 82

大恩 대은 / 큰 은혜 ································· 83
望鄕Ⅰ 망향Ⅰ / 고향 생각Ⅰ ················· 84
望鄕Ⅱ 망향Ⅱ / 고향 생각Ⅱ ··············· 85
百濟魂 백제혼 / 백제의 얼 ················· 86
帆福 범복 / 복 돛 달아 ······················· 87
思母情 사모정 / 모정을 생각하며 ······ 88
思親 사친 / 어버이 생각 ····················· 90
山徑有感 산경유감 / 산길 느끼는 바 있네 ··········· 91
生日 생일 / 생일 ··································· 92
善哉 是生 선재 시생 / 좋구나! 여기 태어나 ········ 93
心顔 심안 / 마음 얼굴 ························· 94
愛友 애우 / 형제 사랑 ························· 95
鳶 연 / 연 ··· 96
連敎 연교 / 이어지는 가르침 ············· 98
緣生 연생 / 인연살이 ··························· 99
五月戀歌 오월연가 / 오월 사랑 노래 ····· 100
因香 인향 / 인연 향기 ······················· 101
恁所在 임소재 / 임 계신 곳에 ········· 102
長離Ⅰ 장리Ⅰ / 긴 이별Ⅰ ················· 103
長離Ⅱ 장리Ⅱ / 긴 이별Ⅱ ··············· 104
藏霞 장하 / 감춘 노을 ······················· 105
情Ⅰ 정Ⅰ / 정Ⅰ ··································· 106
情Ⅱ 정Ⅱ / 정Ⅱ ································· 107
祖月 조월 / 조상 달 ··························· 108
招尋 초심 / 초대 ································· 109
燭心 촉심 / 촛불 마음 ······················· 110
香名 향명 / 향기 나는 그 이름 ········· 112

噫 是日 희 시일 / 아! 이날 ················· 113

제4부 희망〈希望〉을 찾아서

對暾 대돈 / 아침 햇살 마주하며 ················· 117
大燈 대등 / 큰 등불 ································ 118
大月 대월 / 큰 달 ································· 120
道 도 / 길 ·· 121
霧天 무천 / 안개 낀 하늘 ······················ 122
芳華 방화 / 향기로운 꽃 ······················· 123
步又步 보우보 / 걷고 또 걷네 ··············· 124
消靄天 소애천 / 연무 사라진 하늘 ········· 125
秀一 수일 / 빼어난 하나 ······················· 126
昇揚新星 승양신성 / 떠오르는 샛별 ········ 128
新芽 신아 / 새싹 ································· 130
新禧 신희 / 새해의 복 ·························· 131
夜雨 야우 / 밤비 ································· 132
迎歲 영세 / 새해맞이 ··························· 133
迎春 영춘 / 봄맞이 ······························ 134
勇兒 용아 / 용감한 아이들 ···················· 135
雨餘 우여 / 비가 그친 뒤 ····················· 136
慰懷 위회 / 마음 위로 ·························· 137
遺苦 유고 / 내버린 괴로움 ···················· 138
正月大望 정월대망 / 정월대보름 ············ 139
淨泉 정천 / 맑은 샘 ···························· 140

潮時 조시 / 밀물 때에 ················· 141
津泉 진천 / 땀 샘 ···················· 142
蒼天 창천 / 푸른 하늘 ················ 143
春伸 춘신 / 봄 기지개 ················ 144
春心 춘심 / 봄철 심회 ················ 145
痛心 통심 / 마음 태움 ················ 146
風雲 풍운 / 바람과 구름 ·············· 147
解愁 해수 / 근심 풀어 ················ 148
希燈 희등 / 등잔불 기대 ·············· 149

제5부 교훈〈敎訓〉의 메아리

孤撫 고무 / 외로움 달래려 ············ 153
勤勵 근려 / 부지런히 힘씀 ············ 154
旗飄 기표 / 나부끼는 깃발 ············ 155
無名天使 무명천사 / 이름 없는 천사 ··· 156
無虞 무우 / 뜻밖의 일 ················ 157
師道 사도 / 스승의 길 ················ 158
山野筆華 산야필화 / 산과 들 붓꽃 ····· 159
雪敎 설교 / 눈의 깨우침 ·············· 160
素地 소지 / 본바탕 ··················· 161
松趣 송취 / 소나무 정취 ·············· 162
愁雨 I 수우 I / 근심스러운 비 I ······· 163
愁雨 II 수우 II / 근심스러운 비 II ····· 164
手帖 수첩 / 수첩 ····················· 165

始一 시일 / 처음은 하나 ················· 166
夜學 야학 / 밤 공부 ················· 167
若山如海 약산여해 / 산처럼 바다같이 ················· 168
麗芽 여아 / 아름다운 새싹 ················· 170
餘暉 여휘 / 저녁놀 ················· 171
裕茶一盞 유다일잔 / 차 한 잔의 여유 ················· 172
流水 유수 / 흐르는 물 ················· 173
流汗 유한 / 땀 흘림 ················· 174
淨心 정심 / 때 묻지 아니한 마음 ················· 175
足跡 족적 / 발자취 ················· 176
重夏 중하 / 무거운 여름 ················· 177
至敎 지교 / 훌륭한 가르침 ················· 178
知分 지분 / 자기 분수를 앎 ················· 179
天見地觀 천견지관 / 하늘 보고 땅도 보고 ················· 180
忠魂樹 충혼수 / 충의 정신 나무 ················· 181
偕行 해행 / 함께 감 ················· 182
弘夢 홍몽 / 큰 꿈 ················· 183

지은이 약력 ················· 184

제1부
자연自然을 벗 삼아

佳景 가경

夏期暑雨降終朝　하기서우강종조
午漏漸霽灰色霄　오루점제회색소
画趣晴山腰白帶　화취청산요백대
霖溪洗淨鏡顏覜　임계세정경안조
岑樓雲上威天帝　잠루운상위천제
底下江邊龍鳳邀　저하강변용봉요
是像分明非夜夢　시상분명비야몽
地文不二始情要　지문불이시정요

아름다운 풍치

무더운 여름철 비가 아침 내내 내리더니
점심때쯤 점차 개어 하늘이 잿빛 되었네
비 갠 산허리에 하얀 띠 두른 그림 같은 정취
장마로 깨끗이 씻은 시냇물은 얼굴 보는 거울일세
구름 위 솟은 산은 하늘 다스리는 위세 보이고
아래쪽 강가에선 용과 봉황 오길 기다리고 있네
이 모습 틀림없이 한밤중 꿈꾸는 것이 아니라
대지의 온갖 모양 처음 얻은 둘도 없는 멋이로세

늦여름 비가 갠 날 공주 월성산에서 계룡산 천황봉과 금강의 빼어난 경관을 바라보며

甘雨 감우

夏節暑炎餘普斟　하절서염여보짐
逢人頭話慮吟深　봉인두화여령심
耕田無濕土煙舞　경전무습토연무
溪水涸流留息沈　계수학류유식침
晨寤窓前聲落地　신오창전성락지
渴望待雨解通心　갈망대우해통심
止珠甘澤醉霄眺　지주감택취소조
旣往乾天盱目寢　기왕건천우목침

단비

여름철 대단한 더위가 보통 짐작 그 이상으로
만나는 사람마다 말의 서두는 심한 햇살 걱정일세
밭을 갈면 습기가 없이 흙먼지만 하늘 훨훨 날고
산골짜기 시냇물도 물이 말라 침착하게 쉬고 있네
잠에서 깬 이른 아침 창가에서 땅에 떨어지는 소리
비를 기다리는 애타는 바람 마음이 닿아 풀렸네
보옥같은 단비 그칠까봐 하늘 바라보다 지쳐
이미 가버린 마른하늘만 잠긴 눈으로 근심하네

한여름 불볕더위가 지속되다 하지 무렵 단비가 내리는데 계속 이어졌으면 하는 간절한 바람 갖고

鷄龍山雪香　계룡산설향

立春過際緩和寒	입춘과제완화한
朝旭戴頭氛味安	조욱대두분미안
屛廣鷄龍皇白繡	병광계룡황백수
奪觀走轂運停殘	탈관주곡운정잔
矚望雪亮路邊立	촉망설량노변립
一晃香淸含有閒	일황향청함유한
不見至今如此景	불견지금여차경
果神巨作獨唯翰	과신거작독유한

계룡산 눈꽃 향기

입춘이 지날 무렵 되니 추위가 누그러지고
아침 해 머리에 받드니 기분이 편안해지네
저 계룡산 하얗게 수놓은 천황봉 너른 병풍
달리던 차를 멈추게 하고 시선을 빼앗네그려
길가에 서서 반짝이는 눈꽃을 바라보노라니
어느새 그 맑은 향기 한가로이 머금고 있었네
오늘에 이르도록 이와 같은 풍치 보지 못했네
과연 천하에 둘도 없는 신묘한 거작이구려!

이른 봄 눈 덮인 계룡산 천황봉에 맑은 햇살이 비쳐 아름답게 반짝이는 비경을 바라보며 느낀 감회

錦江 I 금강 I

冷氣如前於口春	냉기여전어구춘
清晨東旭喜歡眞	청신동욱희환진
耀波炕火流中底	요파항화유중저
浮出水霏觀可親	부출수비관가친
千里鄉泉源統岔	천리향천원통차
甘酸旅海搭船溱	감산여해탑선진
麗間山野帶紋綵	여간산야대문채
朝夕霞光乘興津	조석하광승흥진

금강 I

아직은 쌀쌀한 봄이 오는 길목인데
맑은 아침 동녘 햇살 반갑기도 하네
반짝이는 물결 밑에서 군불 피우나
피어오르는 물안개가 볼만도 하네
천리 고향 샘물 갈림길에서 발원하여
달든 시든 많이 태운 배 바다 여행하네
곱디고운 산야 사이 비단 띠 두르니
아침저녁 놀빛마저 신이 났네그려

유네스코 세계유산에 등재된 공주 공산성에서 마암에 이르는 국도변 금강에서 피어오르는 물안개와 아침저녁 눈앞에 아름답게 비치는 노을을 바라보며

錦江 Ⅱ 금강 Ⅱ

悠流江岸那邊沿	유류강안나변연
至現往來體臭先	지현왕래체취선
渡口開帆超快步	도구개범초쾌보
暗中天下照明宣	암중천하조명선
麗顔傷甚難知悉	여안상심난지실
淸颸碧瀾不變鮮	청하벽란불변선
遠歲汝身情且溢	원세여신정차일
是姿持重我忘年	시자지중아망년

금강 Ⅱ

유유히 흐르는 강기슭의 저편에
지금까지 선인들 체취 따라 오가네
나루터에서 돛을 올려 잰걸음으로
하늘 아래 어두운 곳 밝혀주었네
고운 얼굴 심한 상처 알긴 어려우나
맑은 바람 푸른 물결 변함이 없네
영원한 세월 그대 정 또한 넘치고
듬직한 이 풍취에 나를 잊었네그려

공주 금강변의 빼어난 자연 경관과 석장리 구석기 선사 유적지의 역사성, 그 정감을 불러 일으켜

錦繡江山 금수강산

彼高天彩曠眈眞　피고천채현광진
溪壑是深如鏡身　계학시심여경신
耳旁舊聞唯感苦　이방구문유감고
淸風鼻飮味甘新　청풍비음미감신
花開朝道行飛走　화개조도행비주
麗染夕霞閑坐臻　여염석하한좌진
噫汝寧華吾水石　희여영화오수석
至多此壤享禧禛　지다차양향희진

아름다운 우리나라

저 높은 하늘의 햇빛 참으로 눈부시고
이 깊은 골짜기 시냇물 거울 같구나
귓가에 맴도는 옛날 얘기 쓰기만 한데
코끝에 스미는 맑은 바람 새 단맛이로세
꽃피는 아침거리 나는 듯 달려가고
곱게 물든 저녁놀이 한가로이 앉았구려
아! 그대는 정녕 아름다운 우리 산수 경치런가
다함없는 이 땅 복 받아 누리는 것이로구나

사계절 아름답게 바뀌어가는 우리나라 자연 경관과 이 땅에서 역경을 극복해가며 힘차게 살아가는 우리들의 행복한 자아상을 생각하며

丹望月 단망월

壬寅亥月望雲間	임인해월망운간
圓鏡登天出異顔	원경등천출이안
丹日宵分行旅泊	단일소분행여박
兎陰忽顯我尤姦	토음홀현아우간
欣愉久闊觀紅頰	흔유구활관홍협
立窅麗情無易關	입요여정무이관
不可思人然自理	불가사인연자리
守番勿寐見更寰	수번물매견경환

붉은 보름달

임인년 시월 보름 밤 구름 사이로
달이 다른 얼굴로 태어나 하늘에 올라왔네
붉은 태양이 밤중에 묵을 여관으로 가는 길인가
숨은 달이 갑자기 나타나 내가 더 아름답다 하려는가
오랫동안 만나지 못해 붉은 뺨 보고 기뻐하며
쉽게 겪을 수 없는 아름다운 정취에 멍하니 서있네
사람이 생각할 수 없게 그렇게 손수 다스리니
잠자지 말고 번을 서서 바뀌는 세상 봐야겠네

2022. 11. 8(음 10.15.) 밤 8시 전후 평소 볼 수 없었던 붉은 보름달을 바라보며

薝蔔 담복

夏季炎時節　하계염시절
園庭發素華　원정발소화
花英媛眼電　화영원안전
觸鼻秘氛皣　촉비필분화
昨醉馣甘味　작취암감미
千過信不諱　천과신불와
神香眞汝等　신향진여등
絕世且顏娃　절세차안와

치자꽃

더운 계절 여름철에
뜰에 하얀 꽃이 피었네
꽃송이가 빛나는 눈길 끌고
좋은 향내는 코를 찌르네
어제 취한 달콤한 향기
천년 가도 그대로겠지
그대는 정녕 향의 화신인가
우아한 얼굴 또한 절세로세

한여름 뜰 안에 아름답게 핀 하얀 치자 꽃송이와 멀리 있어도 코끝에 와 닿는 감미로운 향기에 취해

冬柏花 동백화

朔風氷草木　삭풍빙초목
大地化巖峋　대지화암순
麗雪燾窓罅　여설도창하
含葩現迎春　함파현영춘
隱身妍後葉　은신연후엽
紅頰出容唇　홍협출용진
汝輩開寒苦　여배개한고
此存恁愛眞　차존임애진

동백꽃

겨울철 찬바람에 풀과 나무 얼고
대자연의 땅도 큰 바위 다 되었네
아름다운 설경이 창틈에 비치는데
봄맞이하려 꽃봉오리 나타났네
잎새 뒤에서 우아한 몸 숨기다가
붉은 뺨 놀란 얼굴 내보이네
심한 추위 속에 피어난 그대들은
당신을 진짜 사랑한다며 예 있구려

엄동설한의 차디찬 겨울 동백나무 잎새 뒤에 숨어 자라난 꽃봉오리가 이른 봄 어느 날 붉게 피어나는 신비로움을 보며

冬情 동정

山阜晨朝甚寞藏　산부신조심막장
湖氷燦爛被霄陽　호빙찬란피소양
路邊殘雪招過客　노변잔설초과객
空寂浮心緣繪裝　공적부심연회장

겨울 정취

산언덕 이른 아침 몹시 쓸쓸하고 숨어있는데
호수 얼음이 하늘 햇빛 받아 눈부시고 아름답네
길 가 남아있는 눈이 지나가는 나그네 부르니
텅 빈 마음 들썽거려 그림 싣고 인연을 맺네

한겨울 고요한 공주 금학생태공원 호숫가 얼음 위에 비친 눈부신 햇살과 잔설 위에 그림을 그리며 산곡의 정취를 만끽한 어느 날

無擾世 무요세

早朝近域震信傳   조조근역진신전
復電來文注發連   부전내문주발연
瞬聽轟音隨繼證   순청굉음수계증
感身動地異常聯   감신동지이상연
積埃不忍怒祇社   적애불인노기사
人獸反義警告天   인수반의경고천
無擾世明多載夢   무요세명다재몽
清風飛越遠穹玄   청풍비흘원궁현

어지럼 없는 세상

이른 아침 가까운 지역에서 지진 소식 전해지는데
번개같이 거듭되는 문자에 계속될 테니 주의하라네
순간 폭발 소리 들렸다는 증언이 덧붙여 이어지고
땅이 흔들리고 잇달아 평소와 다름을 나도 느꼈네
쌓이는 온갖 티끌 참다못해 토지의 신이 노했나
짐승 같은 사람의 잃은 도리 하늘이 경고함인가
어지럼중 없는 밝은 세상 많고 많은 꿈을 싣고
맑은 바람타고 훨훨 날고프네 하늘 저 멀리

인근 지역에서 아침에 지진이 발생했다는 긴급 소식과 함께 주의를 당부하여 재해 부담 없는 안전한 삶을 염원

白蘭 백란

冬節前端末　동절전단말
迎春眞潔花　영춘진결화
白蓮榮堵外　백련영도외
咽下垢土華　연하구토화
起寢恁趣走　기침임추주
服衣徐到颬　복의서도하
微風飛粹美　미풍비수미
各個散雲鴉　각개산운아

백목련

겨울이 채 가시기도 전에
봄맞이 꽃 참 깨끗도 하네
담장 밖 하얀 목련 꽃
때 묻은 대지 빛 삼키고 있네
잠자다 일어나 달려온 당신
옷 입고 숨 쉬며 천천히 오시지
솔솔바람에 순수미 날리니
검은 구름 뿔뿔이 흩어지네

봄철 담장 밖에 우뚝 서서 잎새가 나오기 전에 피어나는 하얀 목련꽃이 지나가는 사람들의 시선을 사로잡아

變容 변용

風潛寂夜昧寒檠　풍잠적야말한경
雲脚灰天潑雨明　운각회천발우명
早曉溜音醒酣臥　조효유음성감와
晚來飛雪添庭情　만래비설첨정정
無常時變自然理　무상시변자연리
人間寤懷事日生　인간오회사일생
朝旭暮雯今熟面　조욱모몽금숙면
岐旁旅思棄捐輕　기방여사기연경

달라지는 얼굴

바람 숨은 고요한 겨울밤 등불 어슴푸레한데
구름발 잿빛 하늘이 알려주네 비가 한바탕 오겠다고
이른 새벽 낙숫물 소리는 단잠을 깨우고
해 질 무렵 날리는 눈발은 안마당 멋 맛을 내네
일정한 때가 없이 달라짐은 자연의 본능인가
인간은 자나 깨나 생각하는데 하루 사는 일도
아침 해 저녁 아지랑이 오늘도 익숙한 얼굴
갈림길 나그네 마음 홀가분하네 버리고 나니

변화무쌍한 자연 현상의 흐름 속에 겨울철인 오늘도 안마당엔 비가 내리다가 눈으로 바뀌어 나뭇가지에 쌓인 눈꽃이 장관을 이루고

山諭 산유

穿空圍廣靜山容　천공위광정산용
恒操凜姿吞苦熔　항조늠자탄고용
新體開春花鳥國　신체개춘화조국
秋聲落葉實居冬　추성낙엽실거동
餘消不貪賦群庶　여소불탐부군서
大痛要須非望瞵　대통요수비망종
慈恕懷中無謁者　자서회중무알자
諭知尋敎踏今庸　유지심교답금용

산의 깨우침

하늘 뚫고 넓게 두른 고요한 산 얼굴
늘 지조 있는 늠름한 성품 괴로움 녹여 삼키네
봄이 시작되자 새로운 몸 꽃과 새 세상되고
가을 소리 떨어지는 잎새 겨울 살 열매 익네
쓰고 남으면 탐하지 않고 여러 무리에 주고
큰 아픔에 꼭 필요해도 눈에 광채나지 않네
인자하고 동정심 많은 품속 안내역은 없으나
깨우쳐 알게 하는 가르침 찾아 오늘도 걷네

듬직하고 여유로운 산에서 가슴으로 느껴보는 삶의 모습

山姿 산자

四季更衣每動勳	사계경의매동양
草蟲美鳥詠雅爽	초충미조영아상
春晶輭風流花幔	춘정연풍유화만
秋葉衾裯遮蔽凉	추엽금주차폐량
夏服靑陰含暑溽	하복청음함서욕
冬敷白雪勞純揚	동부백설노순양
萬年毅勇汝曹貌	만년의용여조모
瞑眼雖思君子香	명안수사군자향

산의 풍취

네 계절 옷을 갈아입느라 바쁘게 움직이고
풀벌레와 아름다운 새가 우아하고 밝게 노래하네
봄 맑은 솔솔바람은 꽃 휘장으로 옮겨 가고
가을 잎새는 이불되어 서늘함 막으려 덮어주네
여름엔 그늘 만드는 푸른 옷 입고 무더위 거두고
겨울은 하얀 눈 펼쳐 순수함 드러내려 애쓰네
언제나 의지가 굳어 동요되지 않는 그대들 모습
눈을 감고 생각만 해도 향기로운 군자로세그려

온갖 생명체의 보금자리인 산의 아름다운 모습과 우리가 산을 사랑해야 하는 이유를 음미해보며

瑞雪 서설

灰天瑞雪舞翔顔　　회천서설무상안
迅邁微風情味赸　　신매미풍정미산
晝夜降雰盈昊地　　주야강방영호지
亦痕消遣垢如山　　역흔소견구여산

상서로운 눈

잿빛 하늘 상서로운 눈이 얼굴 돌아날며 춤추고
솔솔바람은 정만 주고 헤어져 빨리도 떠나가네
밤낮없이 내리는 눈이 하늘과 땅에 가득하니
산처럼 쌓였던 때 또한 흔적조차 없어지는구려

겨울철 어느 날 하얀 눈이 춤추듯 하늘을 날며 얼굴에 내려앉고 삽시간에 땅을 덮어 만든 순백의 모습에서 맑고 밝은 우리들 세상 염원

雪花 설화

中天降陟素光花	중천강척소광화
何以舞群其興加	하이무군기흥가
冬發雪華眞麗妙	동발설화진려묘
夏開無數慮憎侘	하개무수여증차
秀霏霄國浮心我	수비소국부심아
塵垢滿坤淸虧遮	진구만곤청휴차
萬難淚珠消旦暮	만난누주소단모
山川雩積治心些	산천방적치심사

눈송이

중천에서 오르내리네 하얀 빛의 꽃들이
어찌하여 동아리 춤을 추나 그렇게 흥을 보태며
겨울에 피어나는 눈꽃 참으로 아름답고 절묘하여
여름에 수없이 피는 꽃이 미워하고 실의할까 걱정되네
꽃눈 펄펄 나는 하늘나라 내 마음 들썽거리고
대지에 가득한 먼지와 때 가리워져 깨끗해졌네
온갖 고난 눈물방울 아침저녁으로 사라지니
산천에 펑펑 쏟아지는 눈 쌓아 마음 조금 도와야겠네

한겨울 뜰 안에 펑펑 쏟아지는 눈의 아름다운 모습을 바라보며 보다 정의롭고 살기 좋은 행복한 사회를 꿈꾸며

野菊 야국

霽後凉陰醒體閒　　제후양음성체한
秋顔紅染忘懷寒　　추안홍염망회한
白波野菊停行步　　백파야국정행보
花蕊濃香取志完　　화예농향취지완

들국화

비 갠 뒤 선선한 기운 일어 쉬는 몸 일깨우고
붉게 물든 가을 얼굴은 차가움을 잊게 해 주네
들국화 흰 물결이 걸어가는 발걸음 멎게 하고
꽃술 짙은 향내는 내 마음 몽땅 가져가버렸네

가을 어느 날 공주 금학생태공원 임도(林道) 주변을 수놓은 들국화의 아름다움에 취해

炎暑 염서

數年夏節歲今收　수년하절세금수
連日暴炎持續愁　연일폭염지속수
晝間陽勞頻眩症　주간양로빈현증
夜分不寢突交舊　야분불침돌교구
汗流無盡苦泉渴　한류무진고천갈
蟻涕飮料欣萬求　의체음료흔만구
山野盛顔非凱弟　산야성안비개제
火輪午睡浴雲遊　화륜오수욕운유

불꽃 더위

여러 해 여름철을 한데 모아놓은 것이 올 해인가
날마다 매우 심한 더위로 시름 오래 계속되네
낮에 볕에서 일하다 어지럼증 자주 나타나고
밤중엔 잠들지 못하고 갑자기 옛날과 뒤섞이네
흐르는 땀 그침이 없어 목마른 샘물 괴롭히고
개미 눈물 음료는 온갖 것 취한 양 기쁘게 하네
산과 들 원기 왕성한 얼굴빛은 화락하지만은 않네
해님 낮잠 잘 때 구름에서 놀며 멱이나 감았으면

평소와 달리 유난히도 심하게 지속되는 폭염에 지쳐

葉 엽

春節新芽不感全　춘절신아불감전
秋聲落葉臧情延　추성낙엽장정연
靑蓑氣風餘天蔽　청최기풍여천폐
盡命後身生禱眠　진명후신생도면

잎새

봄철 새로운 싹 온전히 느껴보지도 못했는데
가을 소리에 떨어진 잎새 오래도록 정 간직하네
우거졌던 푸른 잎땐 하늘 덮고 남을 기세더니
목숨 다한 뒤 태어난 몸 잠들어 기도하며 사네

소슬한 가을바람과 함께 그동안 무성했던 나뭇잎이 떨어져 처져있는 모습에서 자연의 순리를 느끼며

異冬 이동

窓前漴降雨	창전사강우
落水誽喃吟	낙수예남음
何去流冬雪	하거유동설
連來夏令霖	연래하령림
望春花不節	망춘화부절
適發色顔今	적발색안금
逝月非遮達	서월비차달
夕霞迷旦臨	석하미단림

딴 겨울

창가에 비가 내리네 함치르르하게
낙숫물은 시 읊느라 수다스럽고
겨울 눈은 날아 어디로 가고
여름 장맛비가 잇닿아 오는지
때 아닌 철에 피어난 꽃 개나리는
알맞게 피었다며 오늘도 얼굴 화장했네
가는 나달 뻥 뚫려 막힘이 없으니
저녁놀이 아침 비추는 양 헤매고 있네

겨울철에 이어지는 따뜻한 날씨와 함께 여름처럼 비가 오고 꽃도 피는 광경을 보면서 요즘 우려하고 있는 기상이변을 실감하며

一株松　일주송

嶺岑下望採林間　영잠하망채림간
松翠一株觀麗顔　송취일주관여안
盛夏葉枝陰幕絡　성하엽지음막락
寒冬裸木對陽山　한동나목대양산
長身凜姿兼氳秀　장신늠자겸온수
矮陋雜居猜忌慳　왜루잡거시기간
寂靜幽光暉麗世　적정유광휘여세
啼飛山鳥宴歌閑　제비산조연가한

한 그루 소나무

산봉우리 아래를 바라보니 참나무 숲 사이로
한 그루의 푸른 소나무 우아한 얼굴이 보이네
한여름 가지 잎새 덮고 두르고 하여 어두웠는데
찬 겨울 가지만 앙상한 나무 해님 산 마주 대하네
키가 크고 늠름한 자태에 빼어난 기운 겸하니
뒤섞인 키 작고 못생긴 나무가 쩨쩨하게 시기하네
고요한 곳 온화한 빛에 세상이 빛나고 아름다우며
날아 우는 산새들 한가로이 노래하고 잔치를 하네

겨울 어느 날 산행하다 참나무 숲 사이 빼어난 소나무 한 그루가 눈에 들어와

塵空 진공

春季綠葉繡山河　춘계녹엽수산하
美麗風情眝眼娥　미려풍정저안아
陽德遮灰長不觀　양덕차회장불관
陰雲露白短呪峨　음운노백단점아
閉門口鼻嘎茶飯　폐문구비사다반
脫帽裸容疑夢睋　탈모나용의몽아
何渠蒼天汚是易　하거창천오시이
淸溪飮手見霄歌　청계음수견소가

먼지 하늘

늦은 봄 초록 잎새가 온 세상 수를 놓지만
아름답고 고운 정취 예쁜 눈 잠시 멈추어 있네
태양은 잿빛에 가려 볼 수 없는지 오래이고
검은 구름 흰빛 드러내도 높은 재 보긴 짧기만 하네
입과 코문 앞 막아도 예사롭게 목 잠기는데
모자 벗고 맨 얼굴 보려함은 꿈일지 의아하네
어찌하여 봄하늘이 이렇게 쉽게 때묻었는가
맑은 시냇물 손으로 마시고 노래하고파 하늘보며

최근 자주 나타나는 미세먼지 속에 맑은 하늘 옛 생각이 자꾸만 떠올라

啄木鳥 탁목조

山溪寥早旦	산계료조단
寤寢啄鳴聲	오침탁명성
多急空搗喊	다급공용함
眼瞑聞默情	안명문묵정
生爲搖苦力	생위요고력
誤戲自初輕	오희자초경
圓藝怩規覽	원예이염람
共棲旋律贏	공서선율영

딱따구리

산골짜기 텅 빈 이른 아침
잠을 깨우는 나무 쪼는 소리
허공을 찌르는 다급한 외침
눈을 감고 조용히 들어보네
살아가기 위한 몸부림인가
애초부터 잘못된 장난기인가
둥근 기예보니 겸연쩍네
함께해야 할 가득한 선율에

조용한 아침 산골짜기에서 단단한 나무를 쪼는 딱따구리 소리를 들으며 느끼는 번민과 너무나도 정교한 원형의 동공에 놀라며

風 풍

待風今格外	대풍금격외
平息汗全身	평식한전신
飇馥酣鄕鼻	요복감향비
颲荼非睡眞	열도비수진
南颻空觀雨	남요공관우
凉際閉窓疹	양제폐창신
花飈川潺惚	화소천잔홀
淚藏霞靜辰	누장하정신

바람

오늘따라 바람이 기다려지네
온몸에 흐르는 땀 잠재우고파
솔솔바람 단잠 콧구멍 향기롭고
세찬 바람 뜬눈이라 쓰디쓰네
남풍불제 비가 오나 하늘 보고
북풍 때엔 창문 닫네 몸 떨릴라
꽃바람 흐르는 내 황홀도 한데
한적한 때 저녁놀 숨어우네

8월 무더운 날 흐르는 등줄기 땀을 식힐 바람 한 점 없어 답답한 마음으로

海畔　해반

海岸敷延樹木園	해안부연수목원
多形異色望驚魂	다형이색망경혼
迂距船舶覡雲間	우거선박멱운간
近境瀾畦長似垣	근경난휴장사원
霞徑睎鷗群戱豫	하경희구군희예
旣爲我夢眷然原	기위아몽권연원
大洋繡陸靑霄益	대양수륙청소익
理想鄕生新感恩	이상향생신감은

바닷가

바닷가 언덕 위에 잇닿아 펼쳐진 수목원
많은 맵시 색다른 빛깔 놀란 마음으로 보네
얼마간 떨어져 배가 구름 사이로 보이고
가까운 곳 밭두둑 물결은 긴 담을 닮았네
노을 길 때 지어 노는 갈매기를 바라보며
이미 나는 꿈꾸고 있었네 재차 뒤돌아보며
큰 바다 화려한 물 보태어 푸른 하늘까지
이상향에서 살다니 그 은혜 새삼 느끼네

회원들과 함께 태안 천리포수목원을 찾아 아름답고 화려한 장관을 보며

香山　향산

四季更衣現麗裝　　사계경의현려장
啁虫咬鳥葉加香　　주충교조엽가향
天賚寶價難知數　　천뢰보가난지수
地上敷宣無盡藏　　지상부선무진장
眾生迎賓推未報　　중생영빈퇴미보
自虛瘡痏笑寬場　　자허창유소관장
世緣命運喩甘分　　세연명운유감분
聖善姿儀坐偉長　　성선자의좌위장

향기로운 산

사철 옷을 갈아입으며 우아하게 화장하고
벌레 울고 새 지저귀는 소리에 잎새 향내 더하네
하늘이 하사한 가치로운 보물 그 수를 알기 어렵고
땅 위에 널리 베푼 은혜 다함없이 엄청나게 많네
모든 생명 손님으로 맞아 보답 없이 양보하고
자신 흉터는 개의치 않는 너그러운 곳 미소짓네
속세와의 인연을 운명으로 만족하며 기뻐하고
어머니의 덕을 지닌 채 늘 당당하게 앉아있네

한없이 베풀면서도 어떠한 요구도 하지 않는 산의 여유로운 모습과 듬직한 자태 예찬

花開鳴鳥 화개명조

春風接面覺迷夢　　춘풍접면각미몽
尤暖朝陽興岸嶂　　우난조양흥안동
山野袷衣更薄美　　산야겹의경박미
積情厚縮步行僮　　적정후축보행동
繡顔葉綠曙靑倍　　수안엽록서청배
覆蓋上天黃落朣　　부개상천황락동
是世風颻偕佾舞　　시세풍요해일무
花開鳴鳥樂園同　　화개명조낙원동

꽃 피고 새도 노래하고

봄바람이 얼굴에 스치니 미혹한 마음 깨어나고
아침 햇볕 더욱 따뜻해져 민둥산 언덕 신났네
산과 들 겹옷은 두껍지 않고 아름답게 바뀌고
움츠렸던 아이들 발길 두터이 정을 쌓고 있네
초록 잎새 수놓은 얼굴 날이 새면 더 푸르고
하늘 가린 누런 나뭇잎 달이 뜨면 떨어지겠지
이 세상 바람 구름마저 함께하며 춤을 추고
꽃핀 데다 새 노래까지 이게 바로 낙원이로세

긴 겨울을 지나 만물이 소생하고 아름다운 자연현상이 펼쳐지는 5월, 뒷동산에서 꽃도 보고 새들 노랫소리도 들으며

和蓮 화련

池沼生靈麗添蓮	지소생령여첩련
淸汚皆受化神仙	청오개수화신선
藕根泥淤要珍饌	우근니어요진찬
荷露玉珠疑眼邊	하로옥주의안변
雲灰天皇峯上座	운회천황봉상좌
宏高蓉地發新鮮	굉고용지발신선
乾坤來往蕖無厄	건곤내왕거무액
汝我和同尋相沿	여아화동심상연

조화로운 연

못과 늪에 사는 생명 아름다움 더하는 연
맑은 물 더러운 물 한데 받아 신선되었네
진흙 속 연뿌리는 맛있는 요리에 쓰이고
연잎에 내린 옥구슬은 눈가를 의심케 하네
천황봉 꼭대기 하늘에 자리한 잿빛 구름
땅에 핀 연꽃 새롭게 나타내 크고 숭고하네
하늘땅을 오가는데 막힘없는 저 연꽃처럼
너와 나 함께할 일 찾아 화목하게 합했으면

공주 월성산에 올라 계룡산 천황봉 산꼭대기 위에 나타난 연꽃 모양의 하늘구름을 보며 소회(素懷)를 밝힘

花雨 화우

急花如雨降　금화여우강
白色又濃黃　백색우농황
誰某愶覵看　수모요규간
低迷雲脚牆　저미운각장
華紋敷點滴　화문부점적
祝賀演開場　축하연개장
鳥二飛揚舞　조이비양무
何如忘夢鄉　하여망몽향

꽃비

참을성 없는 꽃이 비처럼 내리네
하양 또 짙은 황금색 꽃이
누가 훔쳐볼까 두려워
낮게 칸막이 드리웠네 구름이
꽃무늬 방울방울 떨어져 퍼지고
축하 연극 무대가 시작되네
새 두 마리가 날아올라 춤추니
어찌 꿈속에서조차 그 곳을 잊을손가

산꼭대기에서 마치 비가 내리듯 바람에 떨어지는 꽃잎이 장관을 이루고 게다가 새들마저 함께하여 환상적인 무대가 펼쳐지는 모습을 보며

제2부
인생人生을
노래하며

空手 공수

來時空手握	내시공수악
苦待吐程形	고대토정형
昇日遊夢想	승일유몽상
月魂星擷靈	월혼성힐령
彼延蒼浪海	피연창랑해
是徑熟爲馨	시경숙위형
歸去皆捐棄	귀거개연기
睡如心穩靑	수여심온청

빈손

올 적에 빈손 주먹을 쥐었었네
애타게 기다림에 알몸 드러내며
해오름 꿈에서조차 생각하며 놀고
달도 별도 따고 참 행복했었지
저 벌여놓은 푸르고 넓은 바다
여기 지름길에 익어가는 꽃향기
다 내려놓고 온 곳으로 돌아가네
고요하고 평온한 마음 잠자듯이

어느 날 빈손으로 이 세상에 태어나 빈손으로 가는 삶의 과정을 음미해보며

今日　금일

昨夜飛如矢　작야비여시
來朝黑未明　내조흑미명
今吾生有一　금오생유일
永福主人名　영복주인명

오늘

어젯밤은 화살처럼 날아가고
낼 아침은 확실치 않아 알 수 없네
오늘의 나는 살면서 단 한 번뿐
영원한 행복의 그 이름 주인공이야

일생의 삶의 과정에서 오늘의 중요성을 새삼 느껴보며

來往 내왕

人生旅程流瞬間   인생여정류순간
風如一世暫逢閑   풍여일세잠봉한
日常甚鮮親來往   일상심선친내왕
心內每時思去般   심내매시사거반
愁淚慰懷眉雪白   수루위회미설백
慶嘉筵席似靑顏   경가연석사청안
濕衣疏雨無涯悔   습의소우무애회
暖眼晴霄喜怪還   난안청소희역환

오고 감

인생 여행의 길이 눈 깜짝할 새 지나가
바람같은 한 세상 잠깐 동안 만나보네
평소 친족 간에 오가는 것도 매우 드무네
마음속으로는 늘 잇닿아 갈 생각을 하는데도
근심 눈물 위로하려니 하얀 노인이로세
경사스러운 연회 자리에선 젊은이 같더니
성긴 비에 옷 젖는다고 한없이 후회하지만
맑게 갠 하늘 따뜻한 눈길 재차 기뻐하네

친족 간 왕래조차 제대로 못하면서 흘러가는 세월의 아쉬움과 만남의 기쁨을 노래함

露華　노화

靜然山阜映朝陽　정연산부영조양
微瑣蛛絲暫眺相　미쇄주사잠조상
纖繡角圓眞巧密　섬수각원진교밀
線撨光露不知嘗　선규광로부지상
是珠輝過誰何貪　시주휘과수하탐
彼察四方非見彰　피찰사방비현창
無價寶人唯一世　무가보인유일세
風雲消瞬去天揚　풍운소순거천양

반짝이는 이슬

고요한 산언덕에 아침 햇살 비칠 때
작고 가는 거미줄 잠시 자세히 보았네
모나고 둥근 무늬 수가 정말 예쁘고 촘촘하며
선에 맺힌 반짝이는 이슬방울 일찍이 알지 못했네
이 보석이 너무 빛나 아무개가 욕심을 냈나 봐
저 여러 곳 살펴봐도 뚜렷이 나타내 보이지 않네
값을 매길 수 없는 사람 보배 세상에 오직 하나
바람 구름처럼 눈 깜짝할 새 사라져 하늘 날아가네

맑고 고요한 아침 산길 옆 나뭇가지 거미줄에 맺힌 구슬 같은 이슬방울의 존재감을 새삼 느껴보면서 우리 인생사 생각

冬賓 동빈

西郊雲起暗靑山	서교운기암청산
瑞雪雱雱容躁懁	서설방방용조환
冬信來賓裳翔舞	동신내빈경상무
待春心散秘予間	대춘심산비여간
陽光寸隙淚珠綷	양광촌극루주채
陰麓素衣爽別顔	음록소의상별안
北颮寒窓深生哲	북삽한창심생철
氷魂開眼歲年還	빙혼개안세년환

겨울 손님

서쪽 교외(郊外)에서 일은 구름 푸른 산 어두워지고
상서로운 눈이 펑펑 쏟아지네, 몹시 조급한 얼굴로
겨울 밝히려 온 손님 춤추듯 날아 놀란 눈으로 보다
봄을 기다리는 마음은 잠시 흩어졌네 나도 몰래
햇빛은 작은 틈으로 눈물방울 오색 비단 만들고
응달 너른 삼림 하얀 옷은 다른 낯으로 시원하네
북녘 바람소리 쓸쓸한 창가 살아가는 지혜 깊어지고
얼음처럼 순수한 매화가 눈을 뜨고 보네 또 세월을

첫눈이 펄펄 날리는 초겨울 정취 속에 가는 세월에 대한 아쉬움을 노래함

無常 무상

花難持笑狀	화난지소상
權不十年星	권불십년성
朝霽靑天暐	조제청천위
暮雲暗落零	모운암락영
昨歡遭故友	작환조고우
今淚別離聽	금루별리청
一切隨行路	일체수행로
衿緣消似聆	금연소사령

덧없음

꽃은 웃는 모양을 보전하기가 어렵고
권세는 높더라도 십년 세월 가지 못한다네
아침엔 개어 푸른 하늘 환히 빛났건만
해 질 무렵 구름 끼어 어둡네 비가 오려나
어제 옛 친구와 만나 기뻐했었는데
오늘 헤어져야 한단 말 듣고 눈물만 나네
모든 것은 여행길을 따라가야 하는가
옷깃 인연도 듣던 것처럼 사라져만 가네

변치 않을 것만 같은 그 어떤 것도 세월의 흐름 속에 달라지는 아쉬움을 달래며

霧中春夢　무중춘몽

何日同今生　하일동금생
長成彩眼睇　장성채안제
靑溟東海涉　청명동해섭
登陟上山西　등척상산서
昨雨延朝暮　작우연조모
明晴光景睇　명청광경제
旅情常霧曉　여정상무효
春夢待弘禔　춘몽대홍제

안갯속 봄꿈

어느 날 이 세상에 함께하여
성장하며 보는 눈 빛이나네
푸른 바다 동해를 건너갈까
서쪽 산 위 높은 곳에 오를까
어제 아침저녁으로 오던 비
내일은 개어 빛을 볼 수 있겠지
나그네 심정은 늘 안개 낀 아침
봄 꿈꾸며 큰 복 기다리네

불확실한 세상이라 하더라도 늘 희망적인 삶을 살아가야 한다는 의지를 갖고

半歲 반세

夢中過半歲　몽중과반세
不識到今年　불식도금년
新旦來如颲　신단내여렬
舊踪消似煙　구종소사연
誰何追迅晷　수하추신구
寧善束遲延　영선속지연
復面心非捨　부면심비사
離愁無再旋　이수무재선

한 해의 절반

꿈속에서 한 해의 절반이 떠나갔네
올해 다다른 걸 분별도 못했는데
새해 아침은 폭풍우처럼 왔었는데
지나간 일은 연기같이 사라졌네
누가 빠른 세월을 쫓아 버렸나
차라리 늦어지게 동여맸으면 좋았을 걸
다시 만나면 놓지 않을 생각이야
이별의 시름 두 번 도는 일 없어야지

눈 깜짝할 새 지나간 반년이란 세월을 아쉬워하며

福 복

井華祝手母精誠　정화축수모정성
天佑援神期造亨　천우원신기조형
損自益他憂不盡　손자익타우부진
鄰家善事樂同情　인가선사락동정
祥夢昨夜欣應吉　상몽작야흔응길
明日凶遭信掃淸　명일흉조신소청
何日悟醒心我福　하일오성심아복
潮流登浸念無更　조류등침염무경

복

이른 아침 우물물 떠놓고 두 손으로 비는 어머니 정성
하늘과 신령이 도와 모든 일 뜻대로 되길 기대하시네
자신을 줄이고 남을 돕고도 다하지 못해 괴로워하시고
이웃집 좋은 일엔 따뜻한 정 함께하며 즐거워하시네
엊저녁 상서로운 꿈에서 좋은 운 받아 기뻐했으니
내일 불길한 일을 당해도 잘 다스려지리라 믿으시네
어느 날 깨닫게 된다네, 내 복은 마음에 있다는 걸
세태의 경향 따라 잠기고 오르지만 생각 바뀌지 않네

만복을 기원하며 정성을 다하는 어머니의 간절한 소망과 믿음에서 결국 복은 자신의 마음에 달렸다는 생각을 하며

浮生 부생

何由疾走彼車聲　하유질주피차성
前後連綿高速行　전후연면고속행
喜事充盈歌鼻樂　희사충영가비요
哀愁忘迅念前程　애수망신염전정
風飛歸世遮迦早　풍비귀세차가조
雲捲天晴去遂情　운권천청거수정
岐路旅人形變貌　기로여인형변모
大夢浮寄暫留榮　대몽부기잠류영

덧없는 인생

무슨 까닭으로 소리 내며 저 차들이 달려갈까
앞뒤로 길게 이어져 고속으로 가고 있네
기쁜 일 가득 채워 좋아하며 콧노래 부르려나
슬픈 시름 빨리 잊으려 장래 운명 생각하고 있나
바람처럼 날아 돌아가는 세월 급히 막으려나
구름 걷히고 하늘 맑게 개 정 좇아 가고 있나
갈림길 나그네 다른 모습으로 나타나지만
덧없는 인생 꽃으로 잠시 머무를 뿐 몸 붙일 곳 없네

결혼 축하차 서울 나들이 고속도로에서 길 위를 빨리도 달리고 있는 차량들을 보며

生祺 생기

是世來生善事眞　시세내생선사진
江山錦繡限無珍　강산금수한무진
彼霄陽兔重撂宿　피소양토중잠수
此地上風行旅禛　차지상풍행여진
喜慶滿腔爲笑噱　희경만강위소약
悲愁痛切哭聲㕞　비수통절곡성준
麗恁顔貌保全夢　여임안모보전몽
明日慈心發㘒陳　명일자심발위진

태어난 복

이 세상에 태어나길 참 잘했네
너무나도 좋은 이 금수강산에
저 하늘 해 달 그리고 별을 따고
이 땅 위 바람 실어 여행도 하네
가슴 벅찬 기쁨에 웃기도 하고
저며오는 슬픔에 울기도 하지
고운님 얼굴 꿈속에 간직하고
내일도 사랑 마음 꽃피워야지

이 세상에 태어난 데 대한 긍정적 인식과 기쁨 속에 무한의 희망적 삶을 꿈꾸며

生路 생로

世緣遺體在今生	세연유체재금생
每日新知異貌聲	매일신지이모성
昨晚暗雲含望月	작만암운함망월
是朝無垢展霄更	시조무구전소경
偶然相面熟紅頰	우연상면숙홍협
期約遙流白紙成	기약요류백지성
宿雨待時爲解渴	숙우대시위해갈
出顔別草道同行	출안별초도동행

낯선 길

부모 인연으로 이 몸 세상을 지금 살고 있는데
하루하루 새로 알게 되네, 형상과 소리가 다르다는 걸
어젯저녁 시꺼먼 구름이 보름달 머금었었는데
오늘 아침엔 때 묻지 않은 새로운 하늘 펼쳐지네
뜻하지 않게 서로 얼굴 보며 붉은 뺨 익어버리고
이미 해놓은 약속도 멀리 달아나 백지가 되네
때때로 기다리던 비가 간밤부터 내려 목마름 풀더니
또 다른 잡초들이 얼굴 내미네, 함께 가자고 그 길을

사람이 세상을 살아가는 과정에서 부딪히는 새롭고 변화무쌍한 현실과 바람직한 삶의 태도 자문(自問)

蟬語 선어

盛夏暴炎難耐齋	성하폭염난내재
全身汗浴如履堤	전신한욕여리제
内家飮水空祈雨	내가음수공기우
庭外林蟬聞聒啼	정외임선문괄제
時遇唱歌矜麗翼	시우창가긍려익
愁容怨望捨騷齊	수용원망사소제
過般爲適悔其後	과반위적회기후
眼到風新旣去迷	안도풍신기거미

매미 우는 소리

한여름이 매우 심한 더위 가져와 참기 어렵고
온몸은 땀으로 목욕하여 신이 방죽과 같아졌네
집안에서 물 마시고 하늘 보며 비 오길 바라는데
뜰 밖 수풀 매미 우는 소리 시끄럽게도 들리네
때를 만나 노래 부르며 고운 날개 자랑하려는가
수심어린 얼굴 원망 버리라고 똑같이 떠드는가
접때가 좋았는데 하고 그 뒤에 후회를 해보지만
눈에 이른 새바람도 이미 희미하게 떠나버렸네

연일 폭염 속 매미우는 소리가 유난히 크게 들리는 한여름에 지나가버린 시간을 되돌아 보며

蕭秋　소추

寒寂於秋旦　한적어추단
葉枯多次墮　엽고다차휴
遮霄氛盛旺　차소분성왕
蔽地臥中伺　폐지와중사
暗野黃顔色　암야황안색
素夢尋福祁　소몽심복기
窓前蕭瑟颯　창전소슬삽
迎月在躊趄　영월재주자

쓸쓸한 가을

쌀쌀하고 고요한 가을 아침
마른 잎이 자주 떨어지네
하늘 가린 왕성했던 기품
땅을 덮고 엿보며 쉬네
어둑한 들판 누레진 얼굴빛
하얀 꿈속 큰 행복 찾네
창가에 이른 소슬한 바람
달님 맞으려 머뭇거리네

소슬한 가을바람과 함께 익어가는 인생 여정을 생각하며

繡顔 수안

告歸留黑兎　고귀류흑토
飛徠速靑龍　비래속청룡
未視脽流歲　미시수류세
弘深紋繡容　홍심문수용

수놓은 얼굴

검은 토끼가 지체하다 작별하고 돌아가네
푸른빛 띤 용이 빠르게도 위로하러 날아오고
일 년 지나가는 꽁무니도 눈에 띄지 않았네
얼굴에는 주름살수 넓고 깊게 생겨났는데

계묘년이 가고 갑진년을 맞이하는 과정에서 흘러가는 세월 속에 나름으로 바삐 살아가는 자화상을 그리며

迅咎 신구

歲去如流水　세거여류수
余徂不顧星　여조불고성
風馳休偃往　풍치휴언왕
雲憩臥眠醒　운게와면성
春日疑過次　춘일의과차
秋聲望八齡　추성망팔령
前昭暝晝漏　전소명주루
今夕現夢靑　금석현몽청

빠른 세월

세월 가네 흐르는 물과 같이
나도 가네 세월 돌아볼 새도 없이
달리던 바람도 가다가 쉬고
쉬던 구름도 잠 깰 때까지 누워 자는데
젊은 날이 지날결에라도 있었는가
여든 나이 바라보니 가을 소리구려
어제 밝은 낮 시간에도 눈 어두우니
오늘 밤 꿈에서라도 젊음이 나타날까

팔십년 가까운 지난 삶을 되돌아보며 숨 가쁘게 살아온 젊은 시절 회상

予步 여보

彼闊海潮波我心　　피활해조파아심
是巖堅硬障逡尋　　시암견경장준심
秋風蕭瑟煌明月　　추풍소슬황명월
予步夢靑不止惵　　여보몽청부지심

이내 발길

저 드넓은 바닷물이 내 마음 출렁이게 하고
이 단단한 바위산은 물러설 생각 막고 있네
소슬하기만 한 가을바람 휘영청 달도 밝은데
파릇한 꿈 향한 이내 발길 멈출 수가 없다네

유·청소년 시절 어려움을 극복하고 큰 꿈을 이루고자 다짐하던 고향에서의 옛 모습을 떠올리며

旅抱　여포

昨夜湖寒慄	작야호한률
氷花發半身	빙화발반신
水中眈景日	수중광경일
溓上麗薔新	염상려장신
朝富其華姣	조부기화교
夕消無跡信	석소무적신
陽前如艸露	양전여훼로
旅抱似風塵	여포사풍진

나그네 회포

간밤에 추위에 떨었나 보다 호숫물이
얼음꽃이 몸의 한 부분에 피었으니
물속엔 햇살과 풍경이 밝게 빛나고
살얼음 위에는 새로운 장미 우아하네
아침에 그리 많던 아름답고 예쁜 꽃이
저녁때는 몸의 흔적도 없이 사라졌네
햇빛 앞 풀에 맺혀있는 이슬처럼
나그네 회포도 바람 티끌 같은 것을

겨울 산행 길에서 본 호수의 아침과 늦은 오후의 달라진 광경을 보며 우리 인생 나그네 마음을 견주어 생각

榮落　영락

　四節更新服　　사절경신복
　麗花盈地芳　　여화영지방
　春山紅躑躅　　춘산홍척촉
　秋野繡華黃　　추야수화황
　一瞬終雅美　　일순종아미
　長連寧醜傍　　장련영추방
　天存葩久視　　천존파구시
　無跡覽空晹　　무적람공양

꽃이 피고 지고

사계절이 새 옷으로 고쳐 입고
아름다운 꽃향내 대지에 가득하네
봄 산에 진달래꽃 붉게 피고
가을 들엔 노란 국화로 수놓네
삽시간에 우아하고 아름다움 끝나니
늘 동행했으면 차라리 추해도 곁에
하늘엔 있을까 언제나 볼 수 있는 꽃이
흔적도 없는 맑은 하늘만 바라보네

흘러가는 세월 속에 겪는 아쉬움과 그리움에 잠겨

往道 왕도

之東烽火處　지동봉화처
西去水源池　서거수원지
從路眈眈旅　종로광종려
汎心潛涵祁　범심잠함기
明光山頂照　명광산정조
濃雲跡藏奇　농운적장기
往道榮良定　왕도영양정
隨風遠馦持　수풍원발지

가는 길

동쪽으로 가면 봉화 올린 곳
서쪽으로 가면 수원지라네
길 따라 나그네 눈빛 빛나고
들뜬 마음 차분히 가라앉네
밝은 햇살이 비치는 산마루
짙은 구름 돌연 흔적을 감추네
가는 길 결정 잘하면 꽃이 피고
바람 따라 지닌 향내 멀리 가네

한평생 삶에 있어 진로 설정의 중요성을 새삼 음미해보며

流歲　유세

歲月如流水　세월여유수
曆新過半年　역신과반년
日光期五六　일광기오륙
先後別明鮮　선후별명선
青野文盛夏　청야문성하
蕭秋黃去亘　소추황거선
西山拘兔影　서산구토영
晨曧寢東便　신구침동편

흐르는 세월

세월은 흐르는 물과 같다더니
햇수를 새로 한 지 반년이 떠나갔네
오뉴월 시기의 하루 볕은
앞과 뒤를 뚜렷하게 나눠 가른다지
한여름 아름다운 푸른 들판도
쓸쓸한 가을엔 갈 길 찾아 누레지겠지
서녘 산에서 달을 껴안으면
아침 해 동쪽에서 쉬고 있으려나

한여름에 집 앞 농작물이 하루가 다르게 자라는 것을 보며 세월의 빠름을 새삼 실감하고 아쉬워하며

薔薇花 장미화

炎序開華街巷邊	염서개화가항변
行人誘眼麗心傳	행인유안여심전
素黃靑等多量秀	소황청등다량수
垣幹薔椵最上睒	원간장하최상선
屋下愛親家族間	옥하애친가족간
向途春顧汝曹旋	향도권고여조선
堵連牆意扔邻手	도련장의잉인수
霞燦熱情昭夜延	하찬열정소야연

장미꽃

무더운 여름철 동네 길 주변에 꽃이 피어
길 가는 사람 눈길 끌고 고운 맘 전해주네
하양 노랑 파랑 같은 빼어난 꽃 많기도 하지만
울타리 붉은 장미가 내 눈에 가장 아름답네
지붕 아래 가족 사이 사랑 정다움에서
길을 향해 갑자기 당신들도 사랑한다 하네
담장에 이어진 장미꽃 생각 이웃 손 끌어당기고
맑은 저녁놀 뜨거운 온정 멀리 밤을 밝히네

동네 대부분의 집 대문과 울타리 주변에 빨갛게 피어있는 아름다운 장미꽃이 지나가는 사람들의 눈길을 끌며 정다움을 표하는 것만 같아

天上畵 천상화

上天廣闊界無標　상천광활계무표
日月星辰遊未燒　일월성신유미소
蒼昊飛風吹嘯詠　창호비풍취소영
灰雲集散畵瀾潦　회운집산화란료
絶佳秘境何非見　절가비경하비견
時變無形望眼焦　시변무형망안초
瞬間化容知演唱　순간화용지연창
歲華不眠走流消　세화불면주류소

하늘 위 그림

하늘은 넓게 트이고 경계 푯말이 없어
해와 달 별들이 안달하지 않고 놀고 있네
푸른 하늘 나는 바람 휘파람 노래 부르고
잿빛 구름 모이고 흩어져 큰 물결 흐르네
아름답고 신비스런 경치는 어찌 아니 보이는가
때때로 달라져 형상 없어지는 걸 애타게 보네
눈 깜짝할 새 모습 고쳐지는 연극에서 느낀다네
세월은 누워 쉬지 않고 도망치듯 사라진다는 걸

공주 월성산 봉화대에서 드넓은 하늘에 펼쳐진 잿빛 구름으로 만들어진 갖가지 형상이 쉴 새 없이 변형되는 것을 보며

草露 초로

去夜聞轟寤寢身　거야문굉오침신
窓前落水未夢眞　창전낙수미몽진
早朝庭內無痕雨　조조정내무흔우
晚感是然生露人　만감시연생로인

풀에 맺힌 이슬

간밤에 천둥소리 들려 잠자는 몸 깨어보니
창가에 떨어지는 빗물 진짜 꿈이 아니었네
이른 아침 집 안 마당에 비 온 흔적조차 없으니
늘그막에 이것이 와닿네 사람은 이슬 삶이란 게

실제 있었던 사실조차 가늠하기 어려운 현실에 불현듯 인생사가 비견되어

秋氣 추기

晚秋細雨潤露衣　만추세우윤점의
持節葉單支抗違　지절엽단지항위
蕭瑟寒風催旅路　소슬한풍최여로
陽春暖翠撫衷睎　양춘난취무충희
雲間短暑仄西山　운간단구측서산
星夜月球東曄煒　성야월구동엽휘
今別其時新聳出　금별기시신용출
降霜白雪急來圍　강상백설급래위

가을 기운

늦은 가을 가랑비가 옷을 적시는데
매달린 나뭇잎 하나 원망하며 버티네
쓸쓸하고 찬바람이 나그네 길 재촉하고
따뜻한 봄 푸른빛 그리며 속마음 달래네
구름 사이 짧은 해 서쪽 산에 어렴풋하고
별빛 찬란한 밤 달덩이는 동녘에서 빛나네
오늘따라 그 때 그 시절 새로이 솟아나는데
내리는 서리 하얀 눈발은 거침없이 둘러싸네

늦가을 비 온 뒤 바람도 불고 쌀쌀한 날 옛 추억 그림자를 밟아가며 흘러가는 세월 속 인생을 노래함

秋旅　추려

山路登行步　산로등행보
開朝氣寂寥　개조기적료

昨宵霜降薄　작소상강박
落葉韻昇霄　낙엽운승소

岵服丹裳化　호복단상화
余心靑古招　여심청고초

湖容殘缺汰　호용잔결대
舞妙擢舟蕭　무묘탁주소

日月之無說　일월지무설
疑尋何所超　의심하소초

嶺邊啼隱雪　영변제은설
秋旅且遭逍　추려차조소

가을 나그네

산길을 걸어 오르네
고즈넉한 아침 열며

간밤에 내린 무서리
하늘 가는 낙엽 소리

산 옷은 붉어만 가고
이내 맘 파래도 지네

이지러진 호수 얼굴
고요히 춤추네 잎새 배

말도 없이 가버린 나달
어딜 가야 찾아오려나

재 너머 숨어 우는 눈발
또 마주하네 갈 나그네

고즈넉한 아침 친구들과 공주 금학생태공원 호숫가 산을 오르내리며 느낀 감회

吐遞函　토체함

失主郵便物　실주우편물
惘然徨外門　망연황외문
月前函遞信　월전함체신
現在散途垣　현재산도원
善事離非顧　선사리비고
痛身完治元　통신완치원
人鄕何其處　인향하기처
浮生似雲根　부생사운근

게우는 우체함

주인 잃어버린 우편물이
어쩔 줄 몰라 문밖에 헤매네
한 달 전 함에 전해진 편지
지금은 길 담에 나뒹구네
좋은 일로 돌아보지 않고 떠났나
아픈 몸 완전히 고치러 갔나
인간의 고향은 그 어디인가
떠돌아 다니는 구름 같네그려

주인 잃은 우편물이 한 달여 지난 뒤에도 문밖에서 나뒹구는 모습을 보고 어느 날 정처 없이 떠나간 주인과 인생을 떠올리며

泡珠 포주

山照晨時後雨過　산조신시후우과
多量溪水旅同呵　다량계수여동가
泔池淰汰移瞵外　함지심대이린외
溢越白珠呶友他　일월백주노우타
泡沫迅趨何處去　포말신추하처거
是留久遠唱慈歌　시류구원창자가
併驅汝等壯遊觀　병구여등장유관
一瞬光榮運露苟　일순광영운로구

거품 구슬

이른 아침 비가 갠 뒤 해가 산을 비추는데
많은 골짜기 시냇물이 웃으며 함께 여행하네
못에 가득한 흐린 물결 밖으로 눈빛 옮기고
넘쳐흐르는 하얀 구슬 다른 친구들과 떠드네
물거품은 어느 곳으로 가려 그리 빨리 달리는가
여기 오래오래 머물며 사랑노래 불러야지
나란히 달리는 그대들 볼품이 푸짐한 잔치
한 순간의 빛나는 영예 번거로운 이슬 길이여

비가 갠 뒤 산행 길에서 호숫가에 넘쳐흐르는 구슬 같은 물거품의 장관(壯觀)을 보며 인생의 역정(歷程)을 떠올림

行路 행로

世事不知多路岐	세사부지다로기
數回日變露光移	수회일변노광이
前途彰著如明晝	전도창저여명주
漆黑夜分埋失時	칠흑야분매실시
登陟鼻歌中四望	등척비가중사망
退潮落影獨孤羇	퇴조낙영독고기
無機往返生唯一	무기왕반생유일
片晌景行非可離	편상경행비가리

세상살이

세상 살아가는 일, 알 길이 없네, 갈림길이 많아
하루에도 여러 번 달라지니 햇살에 떠나는 이슬 같네
가는 앞길이 밝은 대낮처럼 눈에 잘 보이다가
칠흑 같은 어둠으로 기회가 없어져 묻혀버리네
콧노래 부르며 높은 곳에 올라 사방을 바라보다
썰물에 저녁햇빛 외로운 나그네 홀로 있네
갔다가 돌아올 조짐 없는 오로지 한 번뿐인 삶
잠시도 큰길에서 떨어지는 것은 옳지 않네

세상을 살아가는 일이 매우 복잡하여 내일을 예측하기 힘들지만 그렇다하여 단 한 번뿐인 소중한 삶을 함부로 해서는 안 된다는 생각을 말하고자

虛想　허상

山行登怨刈　산행등원예
溪水片舟流　계수편주류
落葉風聲零　낙엽풍성령
余過一歲遊　여과일세유
冬暫懷星去　동잠회성거
待機春復舊　대기춘부구
彼蒼閑鳥語　피창한조어
是思嘆雲愁　시사탄운수

부질없는 생각

산길 가다 괴롭다며 올라가고
시냇물 조각배는 떠내려가네
낙엽이 바람에 떨어지는 소리
나도 한 해 떠돌다 지나가네
겨울이 잠시 가는 세월 품고 있으면
옛 봄으로 다시 가려나 기다려야지
저 푸른 하늘 새 소리 한가로운데
이내 마음 구름 시름겨워 애타네

나뭇잎 떨어지는 늦가을 또 한 해를 보내는 아쉬움을 안고 인생을 관조(觀照).

若山如海
산처럼 바다같이

제3부

인연因緣 향기
따라

家福 가복

殘暑氣凉淋雨晴　　잔서기량임우청
嘉禎婚禮信連瑩　　가정혼례신연영
先行後約如奔競　　선행후약여분경
勿說姪孫家福成　　물설질손가복성
雙鴨淸漣湖善望　　쌍압청련호선망
獨唯孤處撫無鳴　　독유고처무무명
天祺恁思日深益　　천기임사일심익
富貴榮華永繼聲　　부귀영화영계성

집안의 행복

남은 더위가 서늘해지고 내리던 비가 개니
행복한 결혼식 마음 밝은 소식이 계속되네
앞서 하고 뒷날 약속도 하고 마치 경쟁하듯
조카 손자는 말할 것 없이 집안 행복 이루어지네
호숫가 잔잔한 물결 오리 한 쌍 보기도 좋아
혼자라면 외로워도 달래줄 메아리가 없네
하늘이 준 복 당신 생각 날로 더욱 깊어지고
부귀하고 영화로운 소식 오래도록 이어지길

연년으로 결혼한다는 집안 경사 소식을 듣고 축하하며 앞으로 행복하게 잘 살기를 기원하는 마음을 담아

感謝 감사

眞成多感謝　진성다감사
尤著歷年過　우저역년과
彼極恩陽月　피극은양월
是原非忘歌　시원비망가
現生恁德澤　현생임덕택
遠旅摯情哦　원려지정아
我授何量惠　아수하량혜
不思頭顧訛　불사두고와

고마움

참으로 감사할 일이 많기도 한데
더욱 두드러지네 세월 지나가니
저 하늘 해와 달이 고맙기만 하고
이 들판 노랫소리도 잊을 수 없지
이 세상 살아있음 님의 덕택이라
먼 여행길에도 이 정 쥐고 가야지
내가 건넨 고마움은 그 얼마던가
뜬소문에 고개 돌리진 말아야지

지금까지 살아오는 과정에 주변 환경, 사람들의 직·간접적인 도움 등 고마워해야 할 일이 참으로 많다고 느끼면서

大恩 대은

殘暑連秋今雨霖　　잔서연추금우림
百中思念異平臨　　백중사념이평림
天空屋蓋燈烏兔　　천공옥개등오토
地甲時宜屈枉恁　　지갑시의굴왕님
人道訓蒙非惜扑　　인도훈몽비석복
正行勉學讚盡心　　정행면학찬진심
其高深惠量無報　　기고심혜량무보
落魄望園立整襟　　낙백망원입정금

큰 은혜

모진 더위 가을까지 이어져 장마지고 있는 오늘
칠월 보름날 생각 평소 맞는 것 같지 아니하네
하늘을 지붕 삼고 해와 달을 등불로 맞아
대지의 사정 따라 휘어져 굽으셨네 님이시여
어릴 적 사람 도리 가르치려 매 아끼지 않으시고
올바른 행실 힘써 배움에 마음 다해 칭찬하셨네
그 높고 깊은 은혜 가늠하고 갚을 길 없어
넋을 잃고 동산 바라보네 옷깃 여미고 서서

백중날을 맞아 문득 어렸을 때 부모님께서 잘한 일은 칭찬하시고 잘못한 일에 대해서는 꾸짖는 등 교육애를 떠올리며.

望鄕 I 망향 I

松馞歲寧旋眼前　송발세녕선안전
王衿千歷杳思先　왕금천력묘사선
朝陽騰硌觀邻里　조양등락관인리
夕月照溟安夜船　석월조명안야선
沙阜艳棠扶我志　사부염당부아지
海濤鷗翩爲離遷　해도구홰위리천
西空霞彩含今日　서공하채함금일
雲戴鄕夢使不眠　운대향몽사불면

고향 생각 I

짙은 솔 향내 세월마다 편안한 곳 눈앞에 맴돌고
천년 지낸 왕의 옷깃 옛날 생각하니 아득도 하네
아침 햇살 큰 바위에 올라 이웃 마을 살피고
저녁 달 바다 비추니 한밤중에 배가 좋아하네
모래 언덕 아리따운 해당화가 내 마음 붙들고
바다 큰 물결 날개짓하는 갈매기는 떠나라 하네
서녘 하늘 아름다운 놀빛이 오늘 대낮도 머금고
구름이 이고 온 고향 꿈은 잠들지 못하게 하네

만세보령(萬世保寧) 내송(內松) 왕대산(王臺山) 아래 고향 생각, 명산(名山)과 대천(大川) 대해(大海)가 어우러진 아름다운 고향에서 날개짓하던 때 회상

望鄕 Ⅱ 망향 Ⅱ

茂葭川界颯蕭知	무가천계삽소지
下校遇潮回緩遲	하교우조회완지
炎夏洞前游海畔	염하동전유해반
冽冬邻輩思文時	열동인배사문시
春暉無盡報徐生	춘휘무진보서생
愚息有爲淚悵悲	우식유위루창비
惡忘佳緣其迕命	오망가연기오명
何如故友未夢奇	하여고우미몽기

고향 생각 Ⅱ

갈대 무성한 냇가 쓸쓸함 느끼게 하는 바람 소리
하굣길 조수(潮水) 만나 돌아오느라 더디고 느즈러졌지
더운 여름 동네 앞 바닷가에서 헤엄치며 놀고
추운 겨울 지역 또래들과 글 읽던 때 생각나네
어버이 은혜 한량없어 살면서 차차 갚는다 하지만
어리석은 자식 할 일 있었다며 슬픔에 눈물짓네
어찌 잊겠는가 그 운명적 만남의 아름다운 인연을
어떻게 옛 친구는 돌연 꿈에도 나타나지 않는가

초등학생 시절 등하교. 중학교 진학 포기 이후 서당에서 한학 수학과 동시 고·대입검정고시 준비, 동네 친구들과의 놀이 등 어렸을 적 생각, 부모님을 떠올리며

百濟魂　백제혼

晴天馭颯瑟	청천횡삽슬
百濟響歌音	백제향가음
燦藝舒臻外	찬예서진외
麗香染是深	여향염시심
暖和遺笑面	난화유소면
痛恨漑懷歔	통한개회흠
隱曲充佳志	은곡충가지
渡江彼去吟	도강피거음

백제의 얼

맑게 갠 하늘 바람소리 속삭이고
백제의 노랫소리 울려 퍼지네
찬란한 예술 타국까지 펼치고
고운 향기 여기 짙게 물들였네
따뜻하고 온화함 웃는 얼굴에 남기고
한 맺힐 원통함 마음 벌여놓고 씻어냈네
그윽한 곡조에 아름다운 마음 가득채워
강을 건너는 저 사람 읊조리며 떠나네

백제문화제 행사의 일환으로 공산성에서 울려퍼지는 노랫소리를 들으며 웅진 천도 당시 온갖 어려움을 극복하며 강건한 국가 형성 노력과 찬란한 문화의 꽃을 피웠던 역사를 떠올리며

帆福 범복

春夏秋冬香自然　춘하추동향자연
根苗花實道人倫　근묘화실도인륜
厚情希遠周流頌　후정희원주류송
洪福開帆順萬年　홍복개범순만년

복 돛 달아

봄 여름 가을 겨울은 자연의 아름다움이요
뿌리 싹 꽃 열매는 인류의 길이라오
멀리 내다보며 정 두터이 쌓아 두루 칭송되고
큰 복 돛 달아 변함없이 차례로 이어지길

친우 자제의 결혼을 축하하고 앞으로 본인은 물론 후손들까지 영원한 행복을 기원하며

思母情 사모정

噫胸憑母聞其名　희흉만모문기명
旣往迷予眦露盈　기왕미여제로영

寒雪一禪膚敂被　한설일단부작피
子炎買裌怹忡淸　자염매겹석충청

校時麥飯覆重壓　교시맥반부중압
餓腹撫柔泉飮輕　아복무유천음경

甘苦味含殘耐月　감고미함잔내월
何爲皆毁有身情　하위개훼유신정

純如瓤素心芳野　순여양소심방야
授體央勲開又榮　수체앙근개우영

風慮落傷雲異路　풍려낙상운이로
氣摸慈訓是塑傾　기모자훈시수경

모정을 생각하며

아! 그 이름만 들어도 가슴 먹먹해지는 어머니
벌써 다가가 있네 나도 몰래 눈가에 이슬 맺혀

눈보라 추위에도 살갗 옷 하나 걸쳐 입으시고
이 자식 덥다해도 겹옷 사주셨네 선선할까봐

학교 갈 때 꽁보리밥 꾹꾹 눌러서 덮어주시고
허기진 배 달래려고 샘물 들이키셨네 재빨리

단 맛 쓴 맛 다 보시고도 잘 참아내신 모진 세월
어찌할꼬 몸과 마음 있는 것 죄다 망가졌으니

하얀 박속같이 순수하고 들꽃처럼 고운 마음
주신 온 몸 한가운데 살포시 피고 또 피어나네

바람 불어 넘어지실까 구름 일어 길 잃으실까
사랑하는 어머니 숨결 따라 귀 쫑그리고 서있네

온갖 어려움 속에서도 헌신적인 자식 사랑과 흘러간 세월 속에 초췌해지신 어머니 모습에 안타까움 이루 말할 수 없어

思親 사친

世居不避槪多緣　세거불피개다연
無二親慈何有肩　무이친자하유견
授掌彼星爲摘掇　수장피성위적철
海中珠玉採裝姸　해중주옥채장연
風吹飛散防山嶽　풍취비산방산악
雨降慮淋拘幕天　우강여림구막천
晝夜惠唯思念力　주야혜유사염력
竭心至孝覺非千　갈심지효각비천

어버이 생각

세상에 살며 대부분 많은 인연 피할 수 없는데
둘도 없는 어버이 사랑 견줄 바 어디 있을까
저 하늘 별을 따서 손바닥에 건네줄까
바다 속 구슬을 캐서 아름답게 꾸며줄까
바람 불면 흩날릴세라 높은 산 되어 막아주고
비가 오면 젖을세라 하늘 가려 껴안아 주셨네
밤낮 베풀어주신 사랑 온 힘 기울임을 생각하면
맘 다한다는 지극한 효도 많은 것이 아님을 깨닫네

말로 이루 다 표현할 수 없는 부모님의 은혜를 생각하며

山徑有感 산경유감

彼麓松林狹曲途　피록송림협곡도
鄕園哀慶脈相輔　향원애경맥상보
日高山鳥遊閑適　일고산조유한적
暗夜星河促步孤　암야성하촉보고
恁面思量超一瞬　임면사량초일순
惜離手勢爲徐逾　석리수세위서유
月陰風戲驚多次　월음풍희경다차
阜越光燈素長踰　부월광등소장유

산길 느끼는 바 있네

저 산기슭 소나무 숲길이 좁고 꼬불꼬불한데
고향의 슬픈 일 기쁜 일 서로 돕는 혈맥이었지
해가 중천에 떴을 땐 산새들 한가로이 즐기며 놀고
밤 시간엔 은하수가 외로운 발걸음을 재촉했었지
님의 얼굴 생각하며 눈 깜짝할 새 뛰어넘기도 하고
헤어지기 아쉬워 손짓하며 천천히 넘는 생각도 했지
달그림자 바람 장난에 여러 번 놀라기도 했지만
언덕 너머 등잔불빛 평소 생각 한층 더 키웠다네

고향 왕대산 중턱 소나무 사이로 난 산길에서의 옛 정과 밤을 낮삼아 산 너머 서당에서 한학 공부를 하기 위해 넘나들던 이 산길이 마음 깊이 그려져

生日 생일

汝生良新日　　여생량신일
體容誰似奇　　체용수사기
我家緣善應　　아가연선응
天下慶皆持　　천하경개지
長道飛望大　　장도비망대
短艚搬泊湄　　단조반박미
健爲先一付　　건위선일부
祚胤貴兒怡　　조윤귀아이

생일

네가 태어나던 새날 참 좋았었지
몸 생김새가 누굴 닮았는지 뛰어나고
우리 가족으로 주어진 좋은 인연
하늘 아래 온 세상 다 가진 경사였지
긴 여행길 크게 바라보며 날고
거룻배엔 물가 잔물결에 옮기려무나
건강하란 부탁 하나 먼저 하고
행복한 자손 정말 기쁘구나 귀염둥아

손주가 태어나던 날의 기쁨과 앞날의 건강 행복을 기원하며

善哉 是生 선재 시생

人居但短似風雲　　인거단단사풍운
寤寐非忘歎逝分　　오매비망탄서분
常惚眼光觀秀景　　상홀안광관수경
聽音開耳靜心薰　　청음개이정심훈
戀思夢佇情鄉國　　연사몽저정향국
世事引援呦笑紋　　세사인원유소문
勿擧善哉生是域　　물거선재생시역
和平萬劫幸臨聞　　화평만겁행림문

좋구나! 여기 태어나

사람 사는 것이 단지 바람 구름같이 짧다 하여
자나 깨나 잊지 않고 세월 지나감을 탄식하네
빼어난 풍정보며 눈빛이 언제나 황홀하고
소리 들으려 귀를 열고 온화한 마음 고요하네
꿈에서조차 기다리며 그리워하는 고향의 정
세간의 일 동행하여 울고 웃으며 놓는 무늬
사실을 들 것도 없이 좋구나 이 땅에 태어나
오래오래 평화로워 행복해하는 소리 들렸으면

수려한 자연경관과 빼어난 민족의 일원으로 이 땅에 태어난 데 대한 감사와 자자손손 영원한 행복추구에 대한 염원을 담아

心顔 심안

流歲容恁親　유세용님친
帛收孃思娟　백수양사연
晨新光每日　신신광매일
宵半面安賢　소반면안현
淡笑眸無瑷　담소모무애
愛河非變延　애하비변연
善心顔現唫　선심안현금
否語過知全　부어과지전

마음 얼굴

흐르는 세월 속에 익어가는 당신 얼굴
비단같이 곱디고운 아가씨 마음 간직했네
아침결엔 날마다 반짝이는 새날이요
늦은 밤도 넉넉하고 편안한 얼굴일세
엷은 미소에 보내는 티 없는 눈동자
언제까지나 변치 않는 사랑이라오
선한 마음 말은 없어도 얼굴에 나타나
아니라 말해도 모두 알고도 남는다오

예나 지금이나 한결같은 사랑하는 사람의 순수한 마음이 나타난 그 표정을 생각하며

愛友 애우

生中多數短長緣	생중다수단장연
同出弟兄恩重亘	동출제형은중선
和靄笑花開滿溢	화애소화개만일
偶然後咯悶寒還	우연후락민한선
血濃比水化籬落	혈농비수화리락
不痛病罹余志煙	불통병리여지연
尊愛鼓胸家輯睦	존애고흉가집목
今觀越峙面溫延	금관월치면온연

형제 사랑

살다보면 좋고 나쁜 인연 많고 많은데
함께 태어난 형님 아우 깊은 사랑 찾았네
화기애애 웃음꽃 활짝 피어나기도 하고
어쩌다 말다툼 뒤 도는 차가움 고민도 하네
피는 물보다 진하다고 울타리 되어주고
아프지 말라하네 내 맘도 타들어간다고
존경과 사랑하며 가슴 뛰는 화목한 가정
오늘도 보고파지네 재 너머 따뜻한 그 얼굴

동기간의 특별한 인연에 따른 우애의 소중함을 떠올리며

鳶 연

天兮開廣敞　천혜개광창
風亦颯昏晨　풍역삽혼신

翔舞靑穹闊　상무청궁활
怯疑埋露塵　겁의매로진

久延觀暖翠　구연관난취
急落奈余貧　급락내여빈

庭內無遊樂　정내무유락
外聞晴海濱　외문청해빈

晝中飛遠覽　주중비원람
暗夜近休璽　암야근휴진

往昔忘冥翳　왕석망명예
笑花乘慶禛　소화승경진

연

하늘이시여! 너르고 앞이 탁 트이게 열어주오
바람 또한 아침저녁으로 불어주고

넓고 푸른 하늘에서 춤추듯 날아주오
두려워 당황하면 이슬과 먼지 속에 묻혀버리니

오래 살아야 갠 봄날의 산 빛을 볼 수 있음이여
갑자기 떨어지면 곤궁한 이내마음 어이하리오

집 안 마당에서만 놀며 즐기지 말고
세상 평판도 바닷가에서 잘 들어보구려

낮 동안에 먼 곳을 바라보며 날아주구려
어두운 밤엔 불안하니 가까이서 쉬고

옛 적 어두운 그늘은 다 잊어버리고
경사스런 복 타고 웃음꽃 넘쳐나구려

삶의 과정에서 어떠한 어려움도 잘 극복해내며 자식이 잘되길 바라는 부모 마음에서

連教　연교

七甲頂坡逢敎緣	칠갑정파봉교연
早朝遠近對歡連	조조원근대환련
難分林路山雲滿	난분림로산운만
明晢步尤言誨先	명석보우언회선
晝夜育英流汗血	주야육영류한혈
善生奇跡似夢宣	선생기적사몽선
保身余輩覽華世	보신여배람화세
薄酒一杯慈詠傳	박주일배자영전

이어지는 가르침

칠갑산 고갯마루에서 가르치는 연분 만나려
이른 아침 멀고 가까이서 모여 반갑게도 대하네
숲인지 길인지 구별 어렵네 산에 구름 가득차
걸음마다 더욱 또렷해지고 옛날 가르치던 얘기는
밤낮으로 인재를 기르느라 피 같은 땀 흘려
기적같이 잘살며 베푸는 은혜 꿈만 같구려
우리네 몸 잘 보전하고 꽃피는 세상 바라보며
술이나 한 잔 하면서 사랑노래 불러 보내세

젊음을 교육에 헌신한 대학 동창들의 청양 칠갑산 가을 모임을 음미하며

緣生 연생

草虫嘔高野四營	초훼구고야사영
隱身難見聞吟聲	은신난견문음성
林山芊蔚延相協	임산천을연상협
石破離連他面盈	석파이연타면영
不識將來何盛落	불식장래하성락
向回過去故生程	향회과거고생정
偶成衿分無量寶	우성금분무량보
勿問非詳施惠情	물문비양시혜정

인연살이

풀벌레가 들판 사방에서 소리 높이 노래하는데
볼 수 없게 몸을 숨겨 읊는 소리 들리기만 하네
산 숲 초목이 서로 화합하고 끌어들여 우거지고
돌이 깨져 잇닿은 곳 떨어지니 딴 얼굴이 채워놓네
장래 성하고 버려짐이 어떻게 될 지 알 수 없는 일
지난 날로 얼굴 돌려보니 삶의 길은 인연일세그려
우연히 이루어진 옷깃 인연 가늠할 수 없는 보배
묻지도 속이지도 말고 참마음으로 은혜 베풀어야

우리는 온갖 인연 속에 세상을 살아간다는 생각과 더불어 소중한 인연에 대한 진정한 마음가짐을 다지며

五月戀歌 오월연가

明光溪淨快心田　명광계정쾌심전
青野薰風潑望前　청야훈풍발망전
積阻族容逢暇隙　적조족용봉가극
戀恁不面畵夢亘　연임불면화몽선
師魂姿聖燈爲國　사혼자성등위국
弟道離思晝夜硏　제도이사주야연
花蝶同和歌舞蹈　화접동화가무도
因香濃五願遐年　인향농오원하년

오월 사랑 노래

밝은 햇살 맑은 시냇물 마음이 상쾌하고
푸른 들판 훈훈한 바람 희망도 넘쳐나네
적조했던 친척 얼굴 짬 내어 만나보고
볼 수 없는 그리운 님 꿈 속 찾아 그려보네
스승의 혼 거룩해라 나라 위해 불 밝히고
제자의 길 놓칠세라 밤낮없이 갈고 닦네
꽃과 나비 한데 어울려 노래하고 춤추니
인연 향내 짙은 오월 오래오래 살았으면

푸르른 5월을 맞아 가정, 학교, 사회 등 모든 곳에서 원활한 소통과 무한의 발전을 기원하며

因香 인향

師名愚敎見餘望　　사명우교견여망
良弟學賢輝燦陽　　양제학현휘찬양
安泰問寧非忘一　　안태문녕비망일
出藍厚志麗因香　　출람후지려인향

인연 향기

스승 이름으로 어리석게 가르치고 남은 희망 보니
뛰어난 제자가 재덕(才德) 익혀 밝게 광채 발하네
건강하고 편안한지 한 번도 잊지 않고 안부 물으니
스승보다 뛰어난 제자 두터운 마음 인연 향내 곱네

학교를 졸업한 지 오랜 세월이 흘렀지만 스승의 날 등 한결같이 연락하는 제자들에 고마움을 느끼며

恁所在 임소재

蕭瑟秋風落葉黃　소슬추풍낙엽황
我心旣往海山鄕　아심기왕해산향
別離遠逝無涯覩　별리원서무애조
逢迎相望遺蔭揚　봉영상망유음양
昨夜夢遊親跣走　작야몽유친선주
今朝惺悟寵慈陽　금조성오총자양
常懷切愛春暄暐　상회절애춘훤위
廣德施恩獻此光　광덕시은헌차광

임 계신 곳에

쓸쓸하고 고요한 가을바람 누런 잎새 떨어지는데
내 마음은 이미 떠나가 있었네 고향 산과 바다에
서로 갈리어 멀리 떠나 뵙고자 하는 생각 한이 없어
마중 나가 영접해 서로 보며 남긴 공덕 밝혀드리리
어젯밤 꿈에 놀 때 맨발로 달리며 자애로웠는데
오늘 아침 깨달으니 따뜻한 사랑의 은혜였었네
항상 깊은 사랑 생각하니 햇빛 따스한 봄날이오
넓고 큰 덕 베풀어주신 은혜 이 영광 받드오리다

종중묘원에 안치된 조상님들을 애타게 그리워하고 추모하며

長離 I   장리 I

奚去迅趨無約旋	해거신추무약선
夜分空手展望然	야분공수전망연
復來返想遲明刻	부래반상지명각
一往不歸盲別緣	일왕불귀맹별연
安生冬寒狂雪驅	안생동한광설구
夏期炎暑又堪焉	하기염서우감언
瞥觀好在但人事	별관호재단인사
今夜恁顏夢謁盱	금야임안몽알천

긴 이별 I

어찌 기약도 없이 그리 갑자기 달려가셨나요
한밤중 멀리 바라만 보고 있을 때 그렇게 빈 손으로
다시 돌아오실 줄 알았어요 날이 샐 무렵에라도
한 번 가면 돌아오지 못할 이별 연줄인 줄도 모르고
차디찬 겨울 몰아치는 눈보라에 어찌 계시나요
여름철 모진 무더위는 또 어떻게 참아내시고
잠깐 뵙고 건강하게 잘 지내시란 인사만 할게요
오늘 밤 님의 얼굴 꿈에서 멀리라도 뵈었으면

지금 와 생각하니 어쩌면 얼떨결에 돌아가신 것만 같은 선친에 대한 죄스러움과 한없는 그리움에 젖어

長離 Ⅱ　장리 Ⅱ

啼笑蜉生每項途　　제소부생매항도
大燈光爛步無孤　　대등광란보무고
諸難未失餘光惠　　제난미실여광혜
好活醒然躁慾愚　　호활성연조욕우
弘敎盡心收去悉　　홍교진심수거실
寧之遺離怨憎呼　　영지유리원증호
噫恁眞正逝其邈　　희임진정서기막
如前膺懷非遣迂　　여전응회비견우

긴 이별 Ⅱ

울고 웃으며 하루살이처럼 살아가는 길목마다
큰 등불 밝히도 하여 외로움 없이 걷는다오
온갖 고난 속에서도 여유와 베풂 잃지 않으심에
잘살면서 조급하고 욕심내는 어리석음 깨우친다오
온 정성 다 기울인 큰 가르침일랑 모두 가져가시고
차라리 원망 미움은 호통치며 남겨두고나 가시지
아! 님은 정녕 그리 아득한 곳으로 떠나셨나요
아직 가슴에 품고 멀리 보내드리지 않았는데

아직 마음속에서 떠나보내 드리지 않은 선친에 대한 고마움과 좋은 추억을 떠올리며

藏霞 장하

曉霧晚秋寂靜然	효무만추적정연
逍遙容喜載車全	소요용희재차전
到南支石興情古	도남지석흥정고
飛散舉諸愚感先	비산거제우감선
溫氣人山歌舞演	온기인산가무연
牟陽城祭束賓遷	모양성제속빈천
淸凉海畔藏霞彩	청량해반장하채
激動想夢餘馥鮮	격동상몽여복선

감춘 노을

늦가을 안개 낀 이른 아침 고요하기만 한데
반가운 얼굴들 바람 쐬려 모두 차에 오르네
남녘 길로 가 이른 고인돌 옛 정 되살아나고
옛날 슬기롭지 못하단 생각 모두 날아갔네
수많은 사람 따뜻한 기운 가무가 펼쳐지고
이산(離散)하는 손님 묶어놓았네 모양성 축제가
맑고 시원한 바닷가 아름다운 놀빛 감추고
꿈에서조차 설레게 하네, 남겨진 좋은 향내가

회원들의 가을 나들이 소회 - 아름다운 환경, 역사 문화 등이 한데 어우러진 전북 고창 일원을 둘러보고 -

情 I 정 I

何時坐定裏余心　하시좌정리여심
自我無知居到深　자아무지거도심
昨夜不眠些事慮　작야불면사사려
今朝淚眼聽欣音　금조누안청흔음
暫間遠逝踪其道　잠간원서종기도
久闊近來留側愖　구활근래류측심
相伴同和根慕憬　상반동화근모경
分襟怨疾只思恁　분금원질지사님

정 I

언제 자리 잡아 앉았나 내 마음 속에
자신도 모르게 깊이 이르러 살고 있네
엊저녁엔 사소한 일 걱정에 잠 못 이루고
오늘 아침은 기쁜 소리 듣고 눈물짓네
잠깐이라도 멀리 떠나면 그 길 뒤 밟아가고
오랜만에 가까이 와도 진심으로 곁에 머무네
서로 함께하고 화합하여 그리움 뿌리내리고
헤어져 원망하고 미워해도 당신 생각뿐일세

사람이 살아가는 과정에서 날로 쌓여져 동일체에 이르는 정감의 특성을 생각하며

情Ⅱ 정Ⅱ

常懷不忘但靑心	상회불망단청심
汝豈維繫奪我愔	여기유계탈아음
昨夜長時存夢佇	작야장시존몽저
來明又面始初尋	내명우면시초심
肉身余屬只空殼	육신여속지공각
思念唯恁胸裏深	사념유님흉리심
萬里別愁非介意	만리별수비개의
今吾偕舞醉離襟	금오해무취리금

정Ⅱ

늘 잊지 아니하고 품고 있는 건 오로지 파아란 마음
너는 어찌 내 평화롭고 안락함을 빼앗아 잡아맸느냐
어젯밤 오랜 시간 꿈에서조차 간절히 기다리고 있었네
내일 날이 밝으면 맨 처음 찾는 것같이 또 만날텐데
몸뚱이는 내 것이로되 이것은 빈 껍데기뿐
마음은 오로지 가슴속에 숨긴 당신뿐이라오
아주 먼 거리 이별의 슬픔은 걱정하지 않는다네
지금 나는 이별의 정에 빠져 함께 춤추고 있으니

인연 따라 정을 함께 나누며 울고 웃는 우리 삶의 내면을 들여다보며

祖月 조월

自旦至宵生苦跿	자단지소생고도
是今忘月立夢途	시금망월립몽도
淚珠未渴濡山所	누주미갈유산소
封墓頹虧茅草枯	봉묘퇴휴모초고
何節安修憂不寐	하절안수우불매
閏餘春色恕冬孤	윤여춘색서동고
花晨歌嘯舞仙鶴	화신가소무선학
萬悷載風心淨愉	만병재풍심정유

조상 달

아침부터 밤까지 뛰며 고달프게 사느라
나달 잊은 채 오늘 여기 꿈길에 서있네
쏟아지는 눈물 산소에 젖어 마르지도 않았는데
봉분이 무너지고 이지러져 잔디가 말라버렸네
언제 좋게 다져 만들지 잠 못 자며 괴로워하는데
윤달 담은 봄빛이 겨울 속 외로움 보듬어주네
꽃 피는 아침 읊조리는 노래 소리에 학이 춤추고
온갖 시름 바람에 실어 보내니 마음이 맑고 기쁘네

세월의 흐름 속에 훼손된 묘소 수리를 주로 윤달에 한다는 속설에 따라 여기저기에서 사초를 하는 모습을 보며

招尋 초심

熊津松韻旅招延	웅진송운려초연
回繞濤江視眼仙	회요도강시안선
傳說歷從思往古	전설역종사왕고
千年流水面來緣	천년유수면래연
白沙逍弟去何處	백사소제거하처
莎草球長運線連	사초구장운선연
彼上蒼天飛頡頏	피상창천비힐항
是靈絕比永生先	시령절비영생선

초대

곰나루 솔바람 소리 불러들이는 사람 많고
빙 둘러싼 강 물결은 신선 눈으로 보라 하네
전설로 만나는 자취 옛날로 돌아가 생각하고
천년 물이 흘러 내세 인연 얼굴빛 부드럽네
하얀 모래밭에서 노닐던 제자는 어디 가고
잔디에 어른들의 공 계속 줄 따라 돌고 있네
저 높은 푸른 하늘 오르락내리락 날며
이 뛰어난 아름다움 앞장서서 영원히 살게하리

공주 곰나루 수해지역 봉사활동 시 오래 전 제자들과의 소풍 추억, 수려한 경관과 요즘 달라진 모습 등을 보면서

燭心 촉심

健康幸福祝多宣　건강행복축다선
我也燭兮燒己亶　아야촉혜소기선

間不信傳汎凄雨　간불신전환처우
欣愉片影鼓胸泉　흔유편영고흉천

小聲聞苦暗明鏡　소성문고암명경
大報顯榮暉面旋　대보현영휘면선

歲伴去余餐惜慕　세반거여자석모
若曹乘駐住休延　약조승치주휴연

前途後往恁奔徑　전도후왕님분경
左右顧親行緩然　좌우고친행완연

冬涸寒心暄暖解　동고한심훤난해
風雲覽觀望靑天　풍운람관망청천

촛불 마음

건강해라 행복해라 떨치는 일 많아라 비는
나는 날아오르며 제 몸 불사르는 촛불이라오

틈새 전해오는 소식 없으면 쓸쓸한 비 눈물짓고
조각 그림자에 기뻐하고 좋아하며 가슴 샘 고동친다오

걱정스레 들려오는 작은 소리에 맑은 거울 보이지 않고
영달 드러나는 큰 알림엔 갑자기 얼굴 광채난다오

세월 동무하며 가는 나는 아쉬움 그리움 물리지만
그대들은 뒷걸음치는 말 타고 태평 세상에 머물러주오

앞서거니 뒤서거니 지름길로 달아나는 님들이여
왼쪽 오른쪽 사방 둘러보고 사랑하며 느슨하게 가시구려

겨우내 얼었던 차디찬 마음 따스하게 녹여주고
바람 구름 타고 경치나 구경하며 푸른 하늘 보려하오

어버이날에 자손들의 안녕과 무한한 영광을 기원하는 어버이 마음을 담아

香名　향명

山海歡遊共對顔　산해환유공대안
根堅嘉玉益煌然　근견가옥익황연
倫義崇祖常途行　윤의숭조상도행
德業香名傳曦連　덕업향명전위련

향기 나는 그 이름

산과 바다가 함께 얼굴 맞대며 즐겁게 노니는데
튼튼한 뿌리 아름다운 구슬 더욱 빛이 나네
사람 도리 조상 숭상하는 일 일상으로 행하니
그 어진 행실 향기로운 이름 만날 꽃피어 전하네

고향을 꿋꿋하게 지키면서 조상님들을 잘 받들고 동기간에 우애 등 귀감이 되는 형님을 존경하며 팔순을 맞아 예찬

憶是日 희 시일

眞成心悼痛　진성심도통
淚眼我無知　누안아무지
萬感交叉路　만감교차로
頭顱化白之　두로화백지
風流徂暫息　풍류조잠식
雲脚定留支　운각정류지
彼鳥疑難認　피조의난인
同群嚶喔枝　동군앵악지

아! 이날

참으로 마음이 아프구나
눈물이 핑 도네 나도 모르게
사람 도리 만감이 교차하고
머리는 하얗게 되어가네
바람이 잠시 쉬었다 가고
구름도 머물기로 하는구나
저 새들도 알아차렸나
가지에서 우는구나 떼 지어

고령의 자친(慈親)께서 낙상으로 인한 치료차 병원으로 이송하는 날에

若山如海
산처럼 바다같이

제4부
희망希望을
찾아서

對暾 대돈

溫暖跏山足　　온난가산족
明朝面對陽　　명조면대양
如干思聽納　　여간사청납
所望一言詳　　소망일언상
來去心多冀　　내거심다기
帆船光順洋　　범선광순양
霄元雲不點　　소원운부점
全世笑祺祥　　전세소기상

아침 햇살 마주하며

따스한 산기슭에 책상다리로
밝은 아침 햇살 마주 대하네
얼마간 그대 말을 받아줄 테니
소망 한 번 자세히 말하라 하네
많고 많은 바라는 마음 왔다 갔다
돛단배 큰 물결에 순한 빛을 주오
구름 한 점 없는 맑은 하늘
온누리가 행복한 미소 짓네

초겨울 공주 월성산 봉화대 아래 의자에 앉아 맑은 하늘 아침 햇살을 마주하며

大燈 대등

漆黑冥蒙無體名　칠흑명몽무체명
曉晨寤世燦明星　효신오세찬명성

廣途耽學輪朝夕　광도탐학륜조석
狹量研攻成德夢　협량연공성덕몽

塞地開花功獻社　색지개화공헌사
闊空不夜見飛翔　활공불야견비상

着根聲譽和同樂　착근성예화동락
知得天分走勿盈　지득천분주물영

旅路心安顧影善　여로심안고영선
鴻禧在內笑顏行　홍희재내소안행

風雲流歲扶餘敎　풍운유세부여교
萬壑千峰照耀燈　만학천봉조요등

큰 등불

칠흑 같은 어둠 속에 형상도 이름도 없는데
새벽녘 세상을 잠 깨우는 샛별 찬란도 하다

넓은 길 아침저녁으로 바퀴 달아 배움 즐기고
좁은 도량 갈고닦아 덕 지닌 몸 꿈꾸고 있네

가려진 곳에서 꽃 피워 사회에 공 이루고
탁 트인 창공 어둡지 않아 훨훨 날아 보이네

좋은 평판 뿌리내려 함께 즐기며 화합하고
하늘이 준 재능 알고 채우지 못할까 달려가네

편안한 마음으로 소중한 그림자 되돌아보는 여행길
큰 행복은 마음에 있다며 앞장서서 미소 짓네

바람 구름처럼 흐르는 세월 남겨진 교훈 붙들고
수많은 골짜기 봉우리에 등불되어 아름답게 비추네

큰 꿈을 싣고 살아가는 일생의 여정을 돌아보며 부단한 노력과 희망의 메시지를 전하고자

大月　대월

東山騰月照冥宵　동산등월조명소
特大滿空新異邀　특대만공신이요
爲禱弘夢嘗未念　위도홍몽상미념
小望願就許行逍　소망원취허행소
闊逢佳客甘心志　활봉가객감심지
親串日常藥苦潮　친관일상약고조
兎影浮雲消足跡　토영부운소족적
暗中孤立想途超　암중고립상도초

큰 달

동쪽 산에 달이 떠 어두운 밤을 밝게 비추는데
하늘 가득히 커 새롭고 특이한 만남 가져보네
큰 꿈을 빌어볼까 일찍이 생각조차 하지 못했던
작은 바람 이루길 소망하면 거닐다가 들어주려나
오랜만에 만난 반가운 손님이 마음 달게도 하지만
날마다 흥허물 없는 사이 쓴 흐름은 약이 되네
달그림자와 뜬구름 흔적조차 보이지 아니하는데
어둠 속 홀로 서있네 앞으로 나아갈 길 생각하며

한 달 안에 보름이 2번 들어있는 가운데 수퍼블루문을 보며 평상심을 잃지 않고 희망적인 삶 지향을 말하고자

道 도

出門連路上　출문연노상
往返別東西　왕반별동서
大小通山野　대소통산야
高低空海躋　고저공해제
人生無限旅　인생무한려
隨意四旋睨　수의사선제
眮省臻延道　현성진연도
薰風眞選徥　훈풍진선제

길

문을 나서면 길 위로 이어져
동서로 나뉘어 갔다가 돌아오네
넓고 좁은 산 들길도 지나가고
높고 낮은 하늘 바다도 오르네
사람이 세상사는 길도 끝이 없어
마음 따라 사방을 돌며 바라보네
큰 눈으로 살펴보면 넓은 길 이르니
진짜 행복 가려 뽑아 훈풍 불어야지

많고 많은 인생길 가운데 옳은 길 바람직한 길 찾아 열심히 살아가야 함을 강조

霧天 무천

滿霧迎春途蓋天　만무영춘도개천
不分山海又程前　불분산해우정전
到來晨起朝陽急　도래신기조양급
長住灰陰徐步緣　장주회음서보연
昨夜烈風非酣臥　작야열풍비감와
明旽淸籟聞琴絃　명돈청뢰문금현
今宵埃氣消無久　금소애기소무구
遠見蒼旻心旅然　원견창민심여연

안개 낀 하늘

봄을 마중하는 길목에 하늘 덮은 안개 가득하니
산과 바다 그리고 앞길도 구별할 수가 없네
새벽에 일어난 아침 해가 서둘러 이곳에 이르니
오래 머물던 잿빛 어둠 연분따라 천천히 걸어가네
어젯밤 사나운 바람결에 깊이 잠들지 못했는데
낼 동트면 맑은 바람 현악기 타는 소리 들리겠지
오늘 하늘 공기의 티끌 오래지 않아 사라지고
멀리 볼 수 있는 푸른 하늘 나그네 가슴이랄까

안개가 자욱한 산꼭대기에 올라서니 솟아오르는 아침 해에 서서히 자취를 감추는 모습에서 오늘의 고난에 좌절하지 말고 희망찬 내일을 준비해야 함을 강조

芳華　방화

堅根苗實耐雱鮮　견근묘실내방선
覺寤青莖笑見天　각오청경소견천
雲起雨淋生萬物　운기우림생만물
風塵消遣似無先　풍진소견사무선
花晨春月汗流苦　화신춘월한류고
榮落秋香甘味旋　영락추향감미선
唯一華人文繡美　유일화인문수미
眾芳復發世佳傳　중방부발세가전

향기로운 꽃

단단한 뿌리에서 자라난 싹 떳떳하게 눈 견뎌내고
꿈에서 깨어난 푸른 줄기 하늘보고 빙그레 웃네
구름이 일고 비가 뿌려 만물이 새롭게 살아나고
바람에 날린 티끌은 사라졌네 애초 없던 것처럼
꽃피는 아침의 봄철 흐르는 땀은 쓰디쓰지만
꽃이 떨어지는 가을 향기는 도리어 단맛이로세
오직 한 번뿐인 인간 꽃 아름답게 수놓아 빛나니
향기 꽃들이 다시 피어 세상에 아름답게 전하네

오늘의 어려움을 참고 견디며 열심히 노력하면 반드시 좋은 결과가 있고 아름다운 일화가 세간에 널리 퍼져

步又步　보우보

步標三十萬　보표삼십만
初日杳冥終　초일묘명종
一二時常繼　일이시상계
越山覘了曈　월산유료동
汗流安志慮　한류안지려
陰淸遠行衕　음정원행동
苦盡甘來訓　고진감래훈
明光昇嶺東　명광승령동

걷고 또 걷네

걸음 목표를 삼십만으로 하니
첫날에는 끝이 아득도 하네
한 번 두 번 때때로 늘 이으니
산 넘어 훤하게 넘겨다 보이네
흘린 땀방울이 마음 편히 하고
그늘 서늘함은 갈 길 멀게 하네
쓴 것 다하면 단 것 온다는 교훈
밝은 햇살이 동녘 재에 떠오르네

불가능할 것만 같은 일도 하나씩 해 나가다 보면 마침내 목표를 이룰 수 있다는 교훈을 다시 한 번 상기

消靄天 소애천

寢中聞夜雨	침중문야우
多少降斟量	다소강침량
昨晚黔零始	작만음령시
今朝雲烟霙	금조운연앙
風兮揚彼靄	풍혜양피애
燔蕩熱氛陽	번탕열분양
無碍蒼天國	무애창천국
山河純覽長	산하순람장

연무 사라진 하늘

잠결에 밤비 내리는 소리 들렸네
짐작컨대 약간 내린 듯 하지만
어제 늦게 흐리고 조용히 오기 시작하더니
오늘 아침엔 흰구름과 안개 피어났네
바람이여! 저 연무를 날려버려다오
태양은 뜨거운 체온으로 모두 태워 없애고
거리낌 없는 푸르디푸른 하늘 세상에서
산과 강의 아름다운 경관 오래도록 보게

비가 갠 뒤 구름과 안개가 자욱한 아침을 맞으며 우리들의 삶이 불확실성과 어려움 없이 행복하게 되길 바라는 마음에서

秀一 수일

寤醒朝旦也　오성조단야
黑暗狀如前　흑암상여전

熱望興奔涌　열망흥분용
却行雜念然　각행잡념연

曉星燈親火　효성등친화
朋友月西便　붕우월서편

風雨分炎暑　풍우분염서
雪霜溶化全　설상용화전

面山登聳出　면산등용출
看見彼遼邊　간견피료변

不是夢虛空　불시몽허공
十爲秀一遷　십위수일천

빼어난 하나

깨어나라 아침이다
아직도 껌껌하지만

열망이 솟구치누나
물렀거라 잡념들아

동녘 샛별 등불 되고
달 간 서녘 친구로다

비바람 더위 쪼개니
눈서리 다 녹아나네

우뚝한 앞산 오르니
보이네 저리 먼 곳이

텅 빈 꿈은 아니었네
빼난 하나 열이 되니

현실에 안주하지 않고 보다 큰 꿈을 향한 부단한 노력 결과 성취하는 보람을 떠올리며

昇揚新星 승양신성

晨燁於東上　신엽어동상
是星明實眞　시성명실진

鮮容除過澹　선용제과담
淸秀不疲身　청수불피신

堂視軀長日　당시구장일
大晴聲志伸　대청성지신

濤瀾穿且渡　도란천차도
高馥旭朝禛　고복욱조진

四顧開弘眼　사고개홍안
撫尋昏路親　무심혼로친

盡心無隘事　진심무애사
山鳥唱歡臻　산조창환진

떠오르는 샛별

새벽 동녘 하늘에서 반짝이는
이 별 참으로 밝기도 하네

하도 많은 구름 제친 새 얼굴
피곤한 기색 없이 맑기도 하네

날로 크는 몸집 보기도 당당하고
여무는 마음 소리 크게도 들리네

세찬 파도 큰 물결 넘고 또 뚫어
복 받은 아침 햇살 향기도 높네

두 눈 크게 뜨고 사방 둘러보고
어둑한 길 찾아 나서 어루만지네

마음을 다하니 막힐 일 없어
산새마저 노래하네 신난다며

바르게 성장하고 소임을 다하고자 노력하는 손주들의 장한 모습을 보며 기쁨과 앞날의 축복을 기원하는 마음으로

新芽 신아

　　冷峭由寒雪　　냉초유한설
　　何其不徠春　　하기불래춘
　　天光臨笑抃　　천광림소변
　　土裂出芽辰　　토열출아신
　　山野生枝草　　산야생지초
　　庭瞧花蕾伸　　정초화뢰신
　　雨絲求渴水　　우사구갈수
　　寶性遂思新　　보성수사신

새싹

차가운 눈으로 혹독한 추위 스미는데
어찌하여 위로할 봄은 아니오는가
하늘 햇살이 웃고 손뼉치며 내다보네
땅을 뚫고 아침에 새싹이 나타나니
산과 들에 나뭇가지와 풀이 새롭고
집 안 뜰에선 꽃봉오리 기지개 켜네
실 같은 가랑비가 물 마름 끝내주고
천성은 새로운 생각에서 자라나네

긴 겨울 끝자락에서 새로운 봄기운이 날로 성하는 것을 보며 잠재되어 있는 내면의 세계도 끝없이 새로움을 추구할 필요성을 말하고자 함

新禧 신희

雪山凅木振威更　설산고목진위경
厚服賓途返北偵　후복빈도반북정
昨日起雲延雨注　작일기운연우주
迎年今曉燦鮮晴　영년금효찬선청
發揚新址進無碍　발양신지진무애
霧內舊觀退遺情　무내구관퇴유정
天寢彼黔何往道　천침피음하왕도
月球見麗憩安行　월구견려게안행

새해의 복

눈 쌓인 산에 나무 얼어붙고 번갈아 맹위 떨치네
두터이 입은 길손 북녘 엿보다가 되돌아오고
어제 구름이 일고 오랫동안 비가 쏟아지더니
새해를 맞는 오늘 아침 비 그쳐 새롭고 찬란하네
떨쳐 일어나는 새로운 터 거리낌 없이 나아가니
안갯속 옛 시선은 정만 보태놓고 떠나가네
하늘에서 잠든 저 구름 가는 길이 어느메뇨
고운 달님 보려하니 조용히 가서 숨을 돌리게나

2024년 갑진 새해를 힘차게 출발하면서 모든 소망이 잘 이루어지는 복된 해를 꿈꾸며

夜雨 야우

終日蒼天景　종일창천경
暮時盈暗雲　모시영암운
外庭零未聤　외정영미오
內室寤鼾聞　내실오한문
冬節汍離思　동절환리사
暖春晨迎紋　난춘신영문
苦寒飛遠別　고한비원별
花幔受多氛　화만수다분

밤비

낮 동안 환히 밝은 푸른 하늘이었는데
해 질 무렵 시꺼먼 구름으로 가득 찼네
문 밖 뜰엔 소리가 들리지 않게 비가 오네
방안에서 코고는 소리 듣고 깨어보니
겨울철 이별의 슬픔에 흐르는 눈물인가
따뜻한 봄 새벽 마중하며 무늬를 놓는가
지독한 추위는 갈라서서 멀리 날려 보내고
하늘 기운 많이 받아 꽃 장막을 쳐야겠네

겨울을 지나 살포시 봄을 맞이하는 길목에 서서 모든 일이 잘되기를 염원하는 마음을 담아

迎歲 영세

新元暾聳出　신원돈용출
早起寤夢遊　조기오몽유
昏夜消逃退　혼야소도퇴
明昤耀走赳　명령요주규
風飛愁海內　풍비수해내
雲集喜光優　운집희광우
過歲休安燕　과세휴안연
來年徐片舟　내년서편주

새해맞이

설날 아침에 해가 우뚝 솟아올랐네
일찍 일어나 꿈에서 놀던 잠 깨나라고
어둡고 깊은 밤 도망치듯 물러나 사라지고
밝은 햇살 용감하게 달려와 빛내고 있네
바람은 나라 안 근심 걱정 날려보내고
구름은 도타운 영광 행복을 모으고 있네
묵은해를 보내면서 편히 쉬라 하고
다음 해는 조각배로 천천히 오라 하네

새해를 맞아 개인의 건강과 행복, 나라의 안녕과 번영을 기원하며

迎春 영춘

早時逢冷氣   조시봉냉기
庭槿凜兢凋   정근늠긍조
寒昊歡香雪   한호환향설
暖坤寵憫憔   난곤롱철초
風兮飛猛凍   풍혜비맹동
雨露迎陽朝   우로영양조
隱耀芽剛健   은요아강건
常靑加日昭   상청가일소

봄맞이

때가 오기 전에 차디찬 기운 마주치니
안마당 무궁화나무 이울어 추위에 떠네
차가운 하늘 눈 향내 기쁘기도 할 테지만
따뜻한 대지 근심하고 애태우는 천둥소리
바람이여! 사나운 추위 빨리 날려 보내렴
비와 이슬은 시작하는 아침 마중 나가고
숨겨놓은 재덕(才德) 튼튼하게 싹 틔우고
환히 빛나는 햇빛 더하여 늘 푸르려무나

예상 밖으로 일찍 찾아온 마음 고통을 빨리 벗어나 새로운 문이 활짝 열리길 바라는 간절한 마음에서

勇兒 용아

青空明旦日	청공명단일
溪壑聞兒聲	계학문아성
勇氣加童輩	용기가동배
木繫繩靭成	목계승인성
一扔高喊拍	일잉고함박
累數響山傾	누수향산경
初效堪何事	초효감하사
壯哉曹偶榮	장재조우영

용감한 아이들

푸른 하늘 아침 햇살 밝기도 한데
산골짜기에서 아이들 소리 들리네
또래 아이들의 용기를 보태고자
나무에 매 놓았네 부드럽고 질긴 줄을
한 번 당기니 고함 박수 소리 높고
여러 번 하니 산도 기울어 울리네
첫 보람이 어떤 일도 견뎌내느니
장하도다! 피는 꽃 동무들이여

공주 금학생태공원 내 트리클라이밍을 체험하는 어린 아이들의 용기있는 행동이 장해 보여

雨餘 우여

連日雨淋灰色天　　연일우림회색천
草蟲林鳥唱非傳　　초충림조창비전
霽朝乾曜顔盈笑　　제조건요안영소
昨夜暗雲風隱遷　　작야암운풍은천
彼宿渡江行萬里　　피수도강행만리
是蟾越弟有窓前　　시섬월불유창전
兩肩附翼飛蒼浪　　양견부익비창랑
歲事勿之餘本亘　　세사물지여본선

비가 그친 뒤

여러 날 계속 비가 내려 하늘이 잿빛 되고
풀벌레 숲새들 노랫소리 전해지지 않네
비가 갠 아침 해님은 웃음 가득한 얼굴 내밀고
어젯밤 시꺼먼 구름 바람이 옮겨 숨겨 놓았다네
저 별자리는 강 건너 아주아주 멀리 가고
이 달빛은 첩첩한 산길 넘어 창 앞에 와있네
두 어깨에 날개 달아 푸르고 넓은 데로 날고파
세월이여 가지마라 죄다 돌아다닐 고향이로다

태풍과 함께 비가 많이 오다 그치자 답답했던 심정을 토로하며 보다 의욕적이고 다양한 삶의 욕구를 표출

慰懷 위회

濕濡大地跂途成　습유대지기도성
行旅華生實巨榮　행려화생실거영
溫暖見陽騰彼峋　온난견양등피구
降零隨雨是臻瀛　강령수우시진영
風霖來襲恁非折　풍림내습임비절
擲石視未淚奈盈　척석시미루내영
抃踊唱歌乘白霙　변용창가승백앙
笑明帶翰兎爲迎　소명대한토위영

마음 위로

촉촉한 대지 위에 발돋움할 길이 이루어져
화려한 인생 나그넷길 많은 즐거움 자라나네
따스한 햇빛 보며 저 높은 산꼭대기 오르고
내리는 빗물 따라 이 넓은 바다도 왔네그려
비바람 몰아쳐도 꺾일 줄 모르는 임이여
아니 보이는 돌팔매에 어찌 넘쳐나오 눈물이
흰 구름 타고 손뼉 치며 춤추고 노래하다
환한 미소 날개 달아 달맞이하자고요

매사에 성실하고 모범적인 동료가 병원에 입원 치료 중인 사실을 알고 위로하는 한편 빠른 쾌유를 기원하며

遺苦 유고

早朝氛起予　조조분기여
終日笑伸顔　종일소신안
草露生光玉　초로생광옥
流溪洗垢山　유계세구산
淨陽奔寤寐　정양분오매
陰月守冥閑　음월수명한
苦毒遺夢夜　고독유몽야
清晨換世憪　청신환세한

내버린 괴로움

이른 아침 나와 함께하는 기운
하루 종일 얼굴 펴고 빙그레 웃네
풀잎에 맺힌 이슬 옥같이 빛이 나고
흐르는 시냇물은 산의 때를 씻어내네
밝은 햇살은 잠 깨우려 급히 가고
숨은 달은 고요한 밤을 지켜주겠지
괴로움을 한밤중 꿈속에 내버리니
맑은 새벽 안온한 세상으로 바뀌네

마음의 고통, 부정적인 생각을 긍정적으로 바꾸면 새로운 세상이 펼쳐져

正月大望 정월대망

一載歷中望始正　일재역중망시정
盱天圓兎祝祥禎　우천원토축상정
罹疴飢困迯袄變　이아기곤주요변
鼠火戱蔬飮酒睛　서화희소음주정
限內至今完歲拜　한내지금완세배
過時違禮早敦情　과시위례조돈정
照明騰月彼晴昊　조명등월피청호
冥晦此陰愁退淸　명회차음수퇴청

정월대보름

한 해 달력 가운데 정월 첫 보름날을 맞아
하늘 쳐다보며 둥근 달에 행복을 소망하네
병에 걸리고 굶주리는 고달픈 재앙 물렀거라
쥐불놀이에 나물 먹고 귀 밝으라 술도 마시네
오늘까지인 기한 안에 세배를 마쳐야 한다지
때 지나 예에 어긋날까 서둘러 정 도탑게 하네
달아! 높이 올라 밝게 비추렴 저 맑은 하늘에서
이 캄캄한 어둠 속 근심 걱정 깨끗이 떠나가게

정월대보름날 관련 전통적인 민속 등 점차 잊혀져가는 몇 가지를 떠올리며 한 해의 안녕과 복을 기원

淨泉 정천

連日飛塵壒　연일비진애
垢滓收沼山　구재수소산
前宵聞灑霤　전소문쇄습
今晝見明顔　금주견명안
彼岫無眠蓋　피구무면개
是汀波沁還　시정파체환
淨泉形汝我　정천형여아
分曉中新赴　분효중신산

맑은 샘

여러 날 계속하여 먼지가 날리어
더러운 때가 산과 내에 다 모였네
지난밤에 비 뿌리는 소리 들리더니
오늘 낮엔 깨끗한 얼굴 나타내 보이네
저 산꼭대기 하늘이 잠자지 않고
이 물가엔 돌아온 맑은 물 넘실대네
사념(邪念) 없는 샘의 너와 내 모습
동틀 무렵 마땅히 새롭게 도약하겠지

돈을 샘에 비유하여 부정, 불의로 축적한 부는 사회 여론, 사정(司正) 등으로 결국 퇴락하고 정직, 성실하게 쌓아 올린 재산만이 가치롭고 지속적으로 유지, 성장할 수 있다는 믿음에서

潮時 조시

灰天朔吹寤今朝　회천삭취오금조
裌服帽檐騰崥超　겹복모첨등리초
飛雪寒飢思偃息　비설한기사언식
穿雲陽照步輕調　천운양조보경조
暗懷冬夢忉凝澤　암회동몽도응탁
慇顯和春光氣謠　은현화춘광기요
啼笑世居風旦夕　제소세거풍단석
自成不一惠乘潮　자성불일혜승조

밀물 때에

잿빛 하늘 된바람에 오늘 아침 잠이 깨어
겹옷에 차양모자 쓰고 높은 고갯길 오르네
흩날리는 눈발 춥고 배고파 그만둘까 하는 생각
구름 뚫고 비추는 햇볕이 발걸음 가볍게 하네
깊숙하게 품은 겨울 꿈 얼어붙었나 걱정했는데
은근히 온화한 봄 나타나 노래하네 빛의 향기를
울고 웃는 세상살이 아침저녁 바람이라지만
저절로 되는 것은 하나도 없네 밀물 탄 사랑이지

절망의 늪에서도 희망의 끈을 놓지 않고 노력하면 언젠가 좋은 기회가 생기고 꿈을 이룰 수 있으리

津泉 진천

寂天寞地淨明朝　　적천막지정명조
初夏溫陽世間超　　초하온양세간초
旱氣菜園焦又日　　한기채원초우일
暗雲含雨未睍覞　　암운함우미제조
見霄臥寢非茠汗　　견소와침비호한
黃野豊歌何處聊　　황야풍가하처료
漆黑冥翳消釋雪　　칠흑명예소석설
幸生津泉復芽邀　　행생진천부아요

땀 샘

천지가 조용하여 소리 없는 맑고 밝은 아침
초여름 따뜻한 볕 세상을 빠르게 비추네
가물었던 채소밭은 날로 더 타들어 가는데
비를 머금은 시꺼먼 구름 보이지를 않네
하늘 보며 누워 자고 땀 흘려 김매지 않으니
황금 들녘 풍년가는 어디에서 즐겨야 하나
칠흑 같은 어두운 그늘 눈 녹듯 사라지고
땀 샘 다시 싹을 구해 행복하게 살아야지

오랜 가뭄에 지쳐 의기소침하고 걱정만 하고 있을 때 이를 극복하기 위한 노력을 강조하고자

蒼天 창천

連貫後霽爽氣淸　연관후처상기청
昏開垂帳上靑宏　혼개수장상청굉
露容難得多星月　노용난득다성월
麗繡天空引誘罥　여수천공인유경
是斗采嬴昇索彼　시두채영승색피
汝望解悶一爲征　여망해민일위정
蒼穹伸展弘余夢　창궁신전홍여몽
無不可能心志成　무불가능심지성

푸른 하늘

연이은 비가 갠 뒤 맑은 날씨 상쾌도 한데
어둠 헤치며 푸른 하늘에 큰 장막 드리웠네
모처럼 얼굴 내민 달 그리고 수많은 별들
아름답게 수놓은 하늘이 눈길을 끄네
이 별을 딸까 저 별 찾아 날아 올라갈까
네 소망 들어줄테니 한 번 해보라 하네
파란 하늘 펼쳐져 내 꿈도 커져만 가네
마음먹기 달렸지 불가능은 없다고 하니

드넓은 세상에 할 일은 많다는 신념으로 희망을 갖고 도전하는 자세를 가져야 한다는 믿음을 주고자

春伸 춘신

今旦寒波抑外場　금단한파억외장
里居踪迹韻難詳　이거종적운난상
閉窓結露流連淚　폐창결로유연루
梱越庭枝澟朔凉　곤월정지금삭량
午上陽光伸凍體　오상양광신동체
北方陰木暑天忙　북방음목서천망
開門暖翠聞咬鳥　개문난취문교조
飛遠旅行花嗅香　비원여행화후향

봄 기지개

오늘 아침 한파로 문밖에 나가는 일 삼가라 하고
줄지어 있는 인가 발자국 소리 자세하지도 않네
닫힌 창엔 이슬 맺혀 눈물이 연이어 흐르고
문지방 넘어 안마당 나뭇가지 찬바람에 떨고 있네
남쪽 방향 햇빛에 뻣뻣하게 굳은 몸 기지개 켜고
북쪽 방향에서 자라는 나무 더운 날씨 두려워하네
문 열고 갠 봄날 산 빛에 새 지저귀는 소리 듣고
멀리 날아 여행하며 향기로운 꽃 냄새도 맡았으면

아직 봄소식이 없는 듯한 늦은 겨울 창밖을 보며 봄을 기다리는 마음에서

春心 춘심

風抒耺春雨　풍서횡춘우
灰枝軟豆芳　회지연두방
不來潛失意　불래잠실의
是往湧希望　시왕용희망
天界歌鸇鳥　천계가환조
地山憑踍香　지산빙척향
靑兮爲醒寤　청혜위성오
霽早旭東方　제조욱동방

봄철 심회

바람 잦아들자 봄비 속삭이고
활기 잃은 가지에 연둣빛 아름답네
실의에 잠기어 아니 오나 했는데
이는 예부터 희망의 솟구침이라네
하늘에선 새가 선회하며 노래하고
뭍 산에는 진달래 꽃향기 가득찼네
푸르른 젊음이여 잠에서 깨어나라
비 갠 새벽 동쪽 대지 해 떴으니

봄비 속삭이는 가운데 희망찬 삶을 꿈꾸며….

痛心 통심

世出健康奔本居　세출건강분본거
何其聞痛遠行餘　하기문통원행여
萬無如意諸般事　만무여의제반사
保體唯望非吼瘀　보체유망비후어
汝起早時觀勝景　여기조시관승경
久稽臥褥怖傷虛　구계와욕포상허
日深春節隨溫色　일심춘절수온색
笑面歡情疾苦袪　소면환정질고거

마음 태움

세상에 태어나 건강하게 이냥 살다 가기도 바쁜데
어찌하여 아프다 들리는가 나머지 길 아득한데
모든 일이 뜻대로만 되는 것은 거의 없다지만
다만 몸 보전하려는 소망에 앓아 울다니 아니되네
여보게 얼른 일어나 좋은 경치 구경가세나
병상에 누워 오래 머물면 마음 해칠까 두렵구려
나날이 깊어지는 봄철 따스한 얼굴빛 따라
웃는 얼굴 기쁜 맘으로 병고를 떨쳐 없애구려

병마와 싸우며 힘든 나날을 보내고 있는 친구의 빠른 회복을 기원하며

風雲 풍운

蒼朝春裏地維踊   창조춘리지유용
旣到晩秋黃麗容   기도만추황려용
耳聞風聲唯輭味   이문풍성유연미
彼雲天蔽化靑龍   피운천폐화청룡

바람과 구름

봄 가슴 속에서 땅을 디딘 푸른 아침
벌써 늦가을 닿아 황금 얼굴 곱기도 하네
귓전에 들리는 바람 소리 보들보들하고
하늘 가린 저 구름 어느새 청룡 되었네

목표를 갖고 꾸준히 노력하면 자신도 모르게 대성하리라는 마음의 표현

解愁 해수

昔至穹淸馥　석지궁청복
突然何說雷　돌연하설뢰
不當眞捍拒　부당진한거
爲事受單回　위사수단회
燦宿昭長生　찬수소장생
如前夜四灰　여전야사회
解思愁淚浸　해사수루침
尤淨合氛恢　우정합분회

근심 풀어

어제까지 맑은 향기 하늘에
갑자기 천둥소리 웬 말인가
아니되네 정말 안되고말고
될 일 같으면 단번에 들어주지
찬란한 별 오래 살며 밝혀야지
아직 사방이 어둡기만 한데
잠긴 근심 눈물 벗기로 했네
넓고 큰 기운 모으면 더 밝을테니

과로로 인한 갑작스런 가족 건강 염려 소식에 안타까운 마음과 함께 빠른 쾌유를 위한 마음을 보태고자

希燈 희등

山稜亭子到微風	산릉정자도미풍
流汗休神知旅痌	유한휴신지여통
不視鳥聲柔我耳	불시조성유아이
目前搖葉戒雲曚	목전요엽계운몽
淨陽寸碧暖如一	정양촌벽난여일
冷落憂懷寒苦恫	냉락우회한고통
暑溽伏炎思小扇	서욕복염사소선
暗中漆黑慰燈烔	암중칠흑위등동

등잔불 기대

산의 등줄기 정자에 솔솔바람이 다다라
땀 흘려도 마음 편하려 하는 나그네 신음 알아주네
보이지 않는 새 소리는 내 귀에 익어 편안하고
눈 앞 흔들리는 잎새는 어스레한 구름도 경계하네
구름 사이 푸른 하늘엔 한결같이 따스한 맑은 태양
불경기로 고단한 마음은 심한 추위 두렵기만 하네
무더운 삼복 더위엔 작은 부채마저 생각나고
칠흑 같은 어둠 속에서는 등잔불 살라 위로하네

아무리 어렵고 힘든 삶의 과정이라 하더라도 희망의 끈을 놓지 말아야 함을 강조하고파

若山如海
산처럼 바다같이

제5부
교훈敎訓의 메아리

孤撫　고무

登山瞠彼先　등산당피선
些積磊存形　사적뢰존형
巧塔邻比位　교탑인비위
築粗祈願聽　축조기원청
氣衰孤撫獨　기쇠고무독
根倂造緣熒　근병조연형
耦立深情薰　우립심정훈
甘眠夢善羶　감면몽선형

외로움 달래려

산에 오르다 저 앞을 보노라니
조금 쌓인 돌무더기 형상 있네
정교한 탑 이웃에 자리 잡아
거칠게 쌓고 용서를 바라네
홀로 외로움 달래다 지쳤나
함께할 뿌리 인연 등불 만드네
둘이라면 훈훈한 정도 깊어
단잠 자며 향기 좋은 꿈꾸겠지

홀로 서있는 돌탑 바로 옆에 세워지는 또 하나의 돌탑에 '함께'란 의미를 되새기며

勤勵 근려

四時諸有別　사시제유별
善惡比無量　선악비무량
夏節怔炎暑　하절정염서
秋霜到眼眶　추상도안광
背津沙鉢一　배진사발일
十倍穀冬藏　십배곡동장
勿問離流歲　물문리유세
何如汝怨謗　하여여원방

부지런히 힘씀

사철은 여러 특성이 있어
좋다 나쁘다 비교할 수 없네
여름 모진 더위 두려워하다
가을 찬서리 눈앞에 이르네
등줄기 흐르는 땀 한 사발
열 곱절 양식 겨울 간직하네
묻지도 않고 떠나가는 세월
어찌 네 탓만 할 수 있으랴

여러 어려운 상황을 극복하며 부지런히 최선을 다하는 자세가 필요함을 강조하고자

旗飄 기표

城戍絶崖流靜洪　성수절애유정홍
水浮帆艕振旗風　수부범방진기풍
强盛造國招孫裔　강성조국초손예
懦劣愁容不可功　나열수용불가공

나부끼는 깃발

성채의 험한 벼랑에 큰 강 한가로이 흐르는데
물 위에 떠있는 돛단배가 바람에 깃발 들날리네
힘차고 튼튼한 나라를 만든 후손들에 손짓하네
무기력하고 근심 어린 얼굴로는 행복할 수 없다고

백제문화제 일환으로 금강에 띄어 놓은 범선에서 바람에 휘날리는 깃발을 보며 백제 쇠망의 역사 회고와 교훈이 느껴져

無名天使 무명천사

世貪自利未爲斜	세탐자리미위사
愛他分憂天使爺	애타분우천사야
生色捨些難近境	생색사사난근경
不知誰某獻全家	부지수모헌전가
雪寒飢凍思邻伍	설한기동사인오
暖翠已饒容美華	난취이요용미화
寤曉鷄鳴旋幹社	오효계명선알사
戀歌載颯萬端嘉	연가재삽만단가

이름 없는 천사

세상엔 자기 이익 탐하느라 곁눈질도 않는데
남을 사랑하며 걱정 나누는 천사 참으로 존귀하네
조금 베풀며 생색내기조차 요즘사정으론 힘드는데
누구인지 알지 못하게 자산 모두를 바치었다네
눈 내리는 추위에 굶주리고 떠는 이웃을 생각하니
갠 봄날의 산 빛은 벌써 포식하여 얼굴이 아름답네
새벽에 잠 깨우는 닭 울음소리는 사회를 돌리고
사랑 노래는 바람에 실려 모두를 행복하게 하네

평생 어렵게 모은 자산을 공익을 위하여 사회에 기부. 환원하는 미담을 들으며 아낌없는 찬사와 아울러 신선한 감동으로 다가와

無虞 무우

今冬寒苦累愁襟　금동한고루수금
出戶逢人難聞音　출호봉인난문음
陽地暖途登涉客　양지난도등섭객
陰崖殘雪濕氷寖　음애잔설습빙침
山頭美鳥降拳手　산두미조강권수
不食飛揚愀我心　불식비양추아심
稀賜佳緣虛一瞬　희사가연허일순
晝宵無備夢行吟　주소무비몽행음

뜻밖의 일

이번 겨울은 심한 추위로 근심하는 마음 쌓이고
집을 나서 다른 사람 만나 소식 듣기도 어렵네
양지 따뜻한 길은 산야 돌아다니는 나그네 있고
산 북쪽 언덕엔 남은 눈 차츰 얼음되고 축축하네
산꼭대기 아름다운 새가 주먹손으로 내렸는데
먹을 것 없이 날아올라 내 마음 쓸쓸하기만 하네
드물게 주어진 좋은 인연 눈 깜짝할 새 없어졌네
밤낮 준비 없이 꿈에 걸어가면서 노래 부르다가

한겨울 공주 월성산 꼭대기에서 갑자기 새가 날아와 빈손에 앉았다가 곧바로 날아올라 가는 모습을 보며 너무 아쉬운 순간 평소 모든 가능성을 생각하고 준비하는 것이 얼마나 중요한가를 다시 한 번 실감하며

師道 사도

廣世迷夢不智途　광세미몽부지도
唯師單道自矜高　유사단도자긍고
天遮濃霧冥蒙暗　천차농무명몽암
開地大燈長遠昭　개지대등장원소

스승의 길

드넓은 세상 갈 길 몰라 헤매도는데
오로지 스승 하나의 길 긍지도 높네
하늘 가린 짙은 안개 어둡기만 한데
새 지평 여는 큰 등불 영원히 빛나리

스승의 길에 대한 자긍심을 갖고 헌신적으로 봉직하여 마침내 교장 승진의 영예를 얻게 된 선생님을 축하하며 아울러 큰 보람과 광영을 기원하며

山野筆華 산야필화

山峽水流紛適沶　산협수류분적지
濕邊具筆用詳祁　습변구필용상기
長莚尖葉經傳濁　장정첨엽경전탁
矬麗花心言世基　좌려화심언세기
氣概弱翰天刺銳　기개약한천자예
柔情墨瀋導尊師　유정묵심도존사
向霄毛穎寢颩雨　향소모영침표우
大地野芳弘使知　대지야방홍사지

산과 들 붓꽃

산 속 골짜기 흐르는 물이 멈춰야 할지 옥신각신
촉촉한 부근엔 붓을 비치했네 천천히 자세하게 쓰라며
긴 줄기 뾰족한 잎은 더러운 물 소식 전하려 적고 있고
키 작은 꽃술의 아름다움은 인간사회 토대를 말해주네
씩씩한 기상의 붓은 날카롭기가 하늘을 찌를 듯 하고
온후하고 부드러운 먹물은 스승 존경을 일깨워주네
하늘 향한 붓이 회오리바람과 비 잠들게 하고
대자연에 피는 들꽃도 우리에게 큰 깨달음을 주네

공주산림휴양마을 안 시냇가 그리고 들녘에서 붓꽃을 보며 세상의 명암을 밝히고 바람직한 방향으로 선도하는 붓(언론)의 기능과 사명을 새삼 음미

雪敎　설교

彼空雾白雪　피공방백설
庭楢媛開花　정국원개화
渴悶敎情禮　갈민교정례
尋邻外閉家　심린외폐가

눈의 깨우침

저 하늘에 하얀 눈이 펑펑 쏟아지고
안마당 노송나무 꽃이 피어 아름답네
목말라 괴로워하는 인정 예의 일깨우려
닫힌 집 밖에서 이웃 사람 이어주네

한겨울 눈이 많이 와서 대문 밖 길을 나서기 어려울 때 눈을 치우기 위해 이웃 사람들이 집밖으로 나와 서로 얼굴보고 소통하는 기회가 열려

素地 소지

人生居何日	인생거하일
感長經萬端	감장경만단
醇言謙厚產	순언겸후산
粗率易爭寒	조솔이쟁한
以後成名大	이후성명대
沙樓基弱單	사루기약단
實根枝盛昌	실근지성창
麗靡發無憚	여미발무단

본바탕

사람은 어느 날 자리 잡고 태어나
커가며 가지가지 길에 감응하네
진실한 말은 겸손하고 온후함 낳고
거칠고 경솔하면 차갑고 싸우기 쉽네
이다음에 두루 명성이 높다 해도
토대가 약하면 죄다 모래 위 누각 같네
뿌리가 튼튼하면 왕성한 가지가 있고
곱고 화사한 꽃 근심 없이 피어나네

식물도 뿌리가 튼튼해야 왕성한 가지가 있듯이 사람도 본바탕이 잘 갖추어지고 좋아야 지덕을 겸비한 훌륭한 인물이 되고 가치 있는 삶을 유지할 수 있다는 믿음에서

松趣　송취

千壽松姿無比肩	천수송자무비견
雪霜今耐立依然	설상금내립의연
山根屛林朋安住	산근병말붕안주
庭秀一株顔別仙	정수일주안별선
陽日淸香吹旅思	양일청향취려사
陰雲暗淚止鄕旋	음운암루지향선
常靑士節德夢望	상청사절덕몽망
懷裏母溫爲永延	회리모온위영연

소나무 정취

천년 사는 소나무 풍취 비길만한 나무가 없는데
눈서리 오늘도 견디며 전과 다름없이 서있구나
산기슭 병풍같은 기둥은 편안한 삶의 친구가 되고
뜰에 있는 빼어난 한 그루는 별다른 신선 얼굴일세
해 뜨는 날 맑은 향기는 나그네 마음 부추기고
비구름에 남모르게 흘리는 눈물 고향 돌아 멎네
늘 푸른 선비의 절개는 꿈에서조차 기대하는 행복
길이길이 계속될 어머님의 따스한 품속이어라

산길을 걷다 빼어난 몇 그루의 소나무를 보며 고향 뒷산의 빽빽한 소나무와 안마당 소나무를 떠올리는 한편 늘푸른 소나무의 굳은 절개, 불로장생을 음미

愁雨 I 수우 I

灰天雲集住長期	회천운집주장기
連日雨淋煩水祁	연일우림번수기
山裂斷途敷塊石	산렬단도부괴석
濫江浸屋愕遺基	남강침옥악유기
夏霖多次念常事	하림다차염상사
寧旱穿泉負苦疿	영한천천부고기
何渠淸穹非現貌	하거청궁비현모
今吾央思熄光持	금오앙사식광지

근심스러운 비 I

잿빛 하늘 모인 구름이 오랜 기간 멈추며
여러 날 계속 비를 뿌려 이 물이 고민되네
산이 찢어져 끊긴 길에 돌과 흙덩이 흩어지고
강물 넘쳐 잠기는 집 터전 잃고 당황하네
여름 장마 자주 있어 예사롭게 생각했었는데
차라리 가뭄에 샘을 파다 앓는 고통이나 주시지
어찌하여 맑은 하늘 얼굴 나타나지 않는가
지금 내 마음 한가운데 버티는 빛 꺼져만 가는데

여름철 장마에 큰 비가 내려 산이 무너져 길이 막히고 집이 침수되어 걱정이 태산인 심정을 토로하며

愁雨 Ⅱ 수우 Ⅱ

未招豪雨降連綿	미초호우강연면
江靡溢流侵住田	강미일류침주전
落雲聲高宵不寢	낙립성고소불침
昇陽容貌念東顚	승양용모염동전
常咬群鳥久難聽	상교군조구난청
潦水災人譹渾全	요수재인호혼전
渴悶露珠恩救命	갈민노주은구명
呻吟一顧我溫傳	신음일고아온전

근심스러운 비 Ⅱ

부르지도 않은 세찬 비가 끊임없이 내리네
강가는 넘쳐흘러 들로 집으로 엄습하고
큰비 쏟아지는 소리가 커 잠들지 못하는 밤
떠오르는 해님 얼굴 동녘 산꼭대기 생각하네
새들이 늘 지저귀는 소리 듣기 어려운 지 오래고
큰 물로 재난 당한 사람 모두 소리 내어 울부짖네
목말라 괴로울 때 이슬방울은 목숨 구하는 사랑
앓는 소리 한 번 돌아봄은 내가 보내고픈 온기라네

연일 장마에 신음하는 이웃들을 보며 아주 작은 정성이라도 이재민에게는 큰 위로가 됨을 상기하고 온정을 베풀어야 함을 강조

手帖 수첩

未錄輕新帖   미록경신첩
成山重歲流   성산중세류
今吾顔昨記   금오안작기
來像影生留   내상영생류

수첩

아직 적지 않아 새 수첩 가벼웠지만
흐르는 세월 속에 무거운 산이 되었네
오늘의 나는 앞서 기록한 얼굴이오
미래 모습은 살아 있을 때 남긴 그림자라네

수첩에 적어놓은 삶의 흔적들이 결국 한 인생의 역사가 되고 중요한 사료(史料)가 됨을 인식, 바르고 성실한 삶을 살아야 함을 강조하고자

始一　시일

宵中間曉箭　소중간효전
水滴溢盈盆　수적일영분
少量非思漏　소량비사루
感深些化元　감심사화원
勤爲無餒餓　근위무뇌아
懶怠越牆藩　나태월장번
始一條千萬　시일조천만
細漣宏覽原　세련굉람원

처음은 하나

한밤중에서 새벽 시각 사이
물방울이 동이 채우고 넘치네
적은 양이라 새는 생각 안 했는데
깊이 느꼈네 조금이 크다는 걸
부지런하면 굶주림 없고
게으르면 담을 넘는다네
처음은 하나지만 천만에 이르니
잔물결도 재차 두루 보아야

한 방울씩 떨어지는 물이 모여 동이를 채우고도 넘친 것을 보고 새삼 조금이 크게 되다는 사실을 깨달으며 아무리 사소한 일도 많은 관심이 필요함을 강조하고자

夜學 야학

暗街微焆炤窓前　암가미위조창전
唯炅明燈院内延　유경명등원내연
奉職晝勞民一等　봉직주로민일등
夜奔充器具私全　야분충기구사전
是房筆墨香君子　시방필묵향군자
彼處聞新聲樂連　피처문신성악연
分刻研攻知藝魄　분각연공지예백
淸輕飛步溢怡然　청경비보일이연

밤 공부

어두운 대로에 어렴풋한 불빛이 창가에 비치는데
오로지 학교에서 인도하는 등불만은 밝기도 하네
낮에는 국가 사회 위해 힘써 일하여 일등 국민 되고
밤엔 자신을 온전하게 갖추고자 바삐 재능 채우네
이 집에서는 붓과 먹으로 군자 향내 풍기고
저 곳에선 이어지는 음악 소리 새롭게 들리네
시각을 쪼개 육예(六藝) 밝게 깨달아 갈고닦으니
맑고 가벼운 발걸음 날아갈 듯 기쁨 가득하네

늦은 밤까지 불야성을 이루고 있는 공주대학교평생교육원에서의 아름다운 예혼(藝魂) 펼치는 모습을 보며

若山如海　약산여해

夢醒山坐後　몽성산좌후
側我海翻漣　측아해번련

繼步沈年峻　계보침년준
遠洋潮舞宣　원양조무선

峨招天下領　아초천하령
深水降從緣　심수강종연

君默持皆拒　군묵지개진
泱波胸痛穿　앙파흉통천

暖懷風霑息　난회풍담식
因事夕含煙　인사석함연

他出身何處　타출신하처
明遭情目先　명조정목선

산처럼 바다같이

꿈에서 깨어나니 뒤에 명산이 앉아있고
곁에선 나도 있다며 바다가 넘실거리네

아름다운 산 오랜 세월 발길 이어지고
드넓은 바다 춤추는 밀물 힘도 차구나

높은 산은 천하가 내 것이라 올라오라 하고
깊은 바닷물은 인연 따라 내려오라 하네

가진 것 죄다 내주고도 말이 없는 군자로세
끝없는 은총 눈길 아픈 가슴 뻥 뚫어주고

따스한 품속 바람 구름마저 쉬어가고
핑계 삼는 일은 해 질 무렵 놀이 머금는구나

남 위해 태어났나 자신은 어디다 두고
내일 또 만나자며 먼저 다정한 눈길만 주네

아름다운 산과 바다로 둘러싸인 고향 풍경이 말해주듯 우리 인생의 삶에 있어 산처럼 든든한 바탕 위에 높은 이상과 희망을 갖고 만난을 극복하며 목표를 성취해 나가는 한편 바다같이 드넓고 깊은 아량(雅量)과 배려, 평등 의식을 갖고 포용, 화합하는 가운데 개인의 행복과 사회 발전에 기여하는 조화로운 태도, 가치관을 그리며

麗芽　여아

青雲明世遠當爲　청운명세원당위
暗夜己身夢霧遲　암야기신몽무지
美麗聲芽胸裏鼓　미려성아흉리고
長成隱我上空翍　장성은아상공피

아름다운 새싹

갠 하늘 밝은 세상 마땅히 해야할 일 많은데
어두운 밤 자신은 안개에 굼떠 헤매고 있었네
아름다운 새싹 소리 가슴 깊이 고동치더니
나도 모르게 한 길 커서 하늘 높이 날개 펴네

평범한 일상의 자신을 일깨워 새로움을 추구, 도약해가는 아름다운 삶을 그림

餘暉 여휘

汝奚其麗夕霞歟　　여해기려석하여
停矚斯情已沒余　　정촉사정이몰여
海染繡衾西彼紫　　해염수금서피자
是山松颯舞歌居　　시산송삽무가거
末光美秀又如此　　말광미수우여차
始醜陋名行走虛　　시추누명행주허
但日旅人心萬里　　단일여인심만리
餘暉洋面笑夢趄　　여휘양면소몽저

저녁놀

너는 어찌 그리 아름다운가 저녁놀이여!
머물러 서서 이 정취를 보니 벌써 나는 없었네
바다는 서쪽의 저 자주빛으로 비단 이불 물들이고
이 산 소나무 바람 소리는 춤추고 노래하며 사네
남은 빛의 아름답고 빼어남이 또한 이와 같을테니
추함으로 비롯된 창피한 평판은 빈틈으로 달려가네
단 하루 여행하는 사람도 마음으론 만리에 이르러
저녁놀 바다 얼굴 꿈에서조차 머뭇거리며 기뻐 웃네

아름다운 저녁놀의 장관을 보며 인생도 저 놀처럼 아름답게 수놓아야 할텐데

裕茶一盞　유다일잔

日常奔走事多般　일상분주사다반
不念過時有我瞞　불념과시유아만
晨起汗顔埋沒業　신기한안매몰업
彼人陰臥適中閒　피인음와적중한
錯惟暫瞬遠徑路　착유잠순원경로
歸正節其非往單　귀정절기비왕단
一盞裕茶持萬幸　일잔유다지만행
昔今心耆旅行翰　석금심기여행한

차 한 잔의 여유

날마다 바쁘게 뛰어다니는 일이 많이 있어
나는 속고 있었네 세월 가는 생각도 못하고
새벽에 일어나 일에 파묻혀 얼굴에 땀 흐르는데
그늘에서 쉬고 있는 저 사람 한가롭기도 하네
잠깐사이 잘못된 생각 지나온 길 너무 멀어
바른 길로 돌아가려니 그 시절 혼자 갈 수가 없네
차 한 잔 마시는 여유 반드시 큰 행복 가져와
즐거운 마음으로 옛날과 오늘 날개 달고 여행하네

조급한 나머지 일을 성급하게 추진하다 보면 잘못된 결과를 가져올 수도 있으므로 차 한 잔의 여유를 갖고 차분하게 해야 후회가 없게 된다는 마음 피력

流水 유수

何來行向處　하래행향처
多問不酬乎　다문불수호
溪澗聲余世　계간성여세
失言臻廣湖　실언진광호
汝心常似海　여심상사해
摯命吝無輔　지명린무보
隨順悠流樣　수순유류양
勿論知我敷　물론지아부

흐르는 물

어디서 와서 어느 곳으로 향해 가길래
몇 번을 물어봐도 대답이 없을까
산골짜기 시냇물 내 세상이라 소리 내다
드넓은 호수에 이르니 할 말을 잃네
그대 마음은 언제나 바다 같네그려
목숨 쥐었으니 도울 게 없다며 아낄텐데
순리대로 유유히 흐르는 그대 모습
말할 것 없이 내가 널리 알려야겠네

산골짜기와 지천에서 낮고 넓은 강으로 흘러가는 물을 보고 순리에 따르는 자연의 이치를 생각하며

流汗 유한

山頭近足重千斤　산두근족중천근
低道行趨輕紙分　저도행추경지분
陽德汗身筵鼓腹　양덕한신연고복
休心陰索淚飢文　휴심음색루기문

땀 흘림

산꼭대기 가까운 발은 천근이나 무겁고
낮은 길 걸음걸이는 종이보다도 가볍네
햇볕에 땀 흘린 몸 배 두드리며 잔치하고
그늘 찾아 쉬는 마음 허기져서 눈물짓네

최선을 다하면 반드시 좋은 결과가 있게 된다는 경험을 말하려

淨心　정심

心如妖術客　심여요술객
晝夜換容旋　주야환용선
高攀臻天界　고거진천계
下深當海淵　하심당해연
正眞睒不寢　정진릉불침
邪智聽邻延　사지청인연
淨念明千里　정념명천리
眛思非見偏　미사비견편

때 묻지 아니한 마음

마음은 요술을 부리는 나그네 같아
밤낮 얼굴을 돌리며 바뀌어가네
높이 날아올라 하늘에 이르기도 하고
낮게는 깊기가 바다에 비길 수 있지
바르고 참된지 뜬눈으로 응시하고
간사한 지혜 이웃 끌어들여 듣네
때묻지 아니한 맘이 천리를 밝게 보고
티 든 생각으로는 절반도 보지 못하네

더디고 힘들더라도 매사 옳고 바른 길로 가야지 조급한 마음으로 부정, 불의, 사악한 길을 택해서는 안된다는 신념 표현

足跡 족적

萬物死生純理眞　만물사생순리진
古來更代命交新　고래경대명교신
世人出産圖居貌　세인출산도거모
亡後連傳永悉臻　망후연전영실진
善事誇矜揚戴颭　선사과긍양대습
深羞藏秘沒黔塵　심수장비몰검진
歲流含吐不容詐　세류함토불용사
足跡暗明存實遵　족적암명존실준

발자취

만물이 죽고 사는 것은 오로지 자연의 이치라서
예부터 차례로 새로움과 뒤섞이며 모습 번갈아 가지
세상 사람들 나면서부터 삶의 모습 그림들이
죽은 뒤까지 이어져 전해지네, 모두 모아져 오래도록
좋은 일은 자랑하며 큰바람에 이고 하늘 날고 싶고
심한 부끄러움 몰래 감춰 검은 먼지에 숨기려 하네
흐르는 세월 자유로이 출입하지만 거짓은 용서치 않아
발자취의 밝고 어두움은 실제 있는 대로 좇아간다네

일생동안 삶의 과정은 거짓 없이 그대로 노출되므로 진실하게 살아야 함을 강조하고자

重夏 중하

秋門節氣有過前　추문절기유과전
今晚高溫流汗扇　금만고온유한선
晝漏事陽要制節　주루사양요제절
夜憂不寢草蔬田　야우불침초소전
何渠夏暑非歸屋　하거하서비귀옥
雪月冬天期待先　설월동천기대선
戱豫溺志爲重聽　희예익지위중청
眊昏失道化無緣　모혼실도화무연

무거운 여름

가을 문턱 절기가 앞서 지나간 걸 알고 있는데
오늘 저녁때 온도가 높아 부채질해도 땀 흐르네
낮에 볕에서 하는 일 알맞게 조절하란 요구받고
밤엔 잠들지 못하고 걱정하네 채소밭 잡초들을
어찌하여 무더운 여름 친정으로 돌아가지 않는가
겨울 하늘 눈에 비치는 달빛 일찍부터 기다리는데
게으름 피며 놀고 정신 빼앗긴 채 듣기 꺼려하면
눈 어두워 길 잃어버리고 연분마저 없어지네

오후 6시가 넘었는데도 30도를 넘는 폭염이 지속되어 모두 지쳐있는 현실에 빗대어 너무 상식에 어긋나는 행동을 경계하란 메시지를 보내고파

至敎 지교

雨氣暗雲含晚煙	우기암운함만연
靑天廣野振雄魂	청천광야진웅혼
加林山翠援行旅	가림산취원행려
津岸水明洗垢塵	진안수명세구진
日就藝文芽百祿	일취예문아백록
月將豔馥喜星辰	월장염복희성신
峯頭燈火照千里	봉두등화조천리
至敎輪輸良萬端	지교윤수량만단

훌륭한 가르침

비가 올 듯한 시꺼먼 구름 저녁놀이 머금고
푸른 하늘 너른 들에서 웅대한 마음 들날리네
가림의 푸른 산이 여행 길손 가까이 끌어들이고
나루터 깨끗한 물은 마음의 때와 먼지 씻어내네
대낮에 이루는 예술과 학문 온갖 행복 싹 틔우고
달님과 함께하는 아리따운 향기 별들이 사랑하네
산꼭대기 등불 아주 멀고 먼 거리까지 비추고
훌륭한 가르침 번갈아 날라 모두 바르게 태나리

지역의 자연환경과 역사성을 반추해보고 주민들의 교양과 문화적인 삶, 복리증진 등을 위하여 헌신적으로 봉사하는 부여 군내 노인대학의 모습에 큰 감동과 아울러 무궁한 발전을 기원하며

知分 지분

秋旻蕭索颯然風	추민소삭삽연풍
寺路行人似繼疃	사로행인사계동
山勢勝情招汗陟	산세승정초한척
水溪洗面耿憂侗	수계세면경우통
朝陽明谷飛巢鶴	조양명곡비소학
夕靄雲龍歸就夢	석애운룡귀취몽
知足安分皆是我	지족안분개시아
世持奔競覺諸空	세지분경각제공

자기 분수를 앎

가을 하늘 쓸쓸한데 바람에 나뭇잎 떨어지고
절 길 오가는 사람 동트면서 이어지는 것 같네
기세 좋은 산 경치는 땀 흘려 오르라 부르고
골짜기 시냇물은 큰 걱정 얼굴 씻어내라 하네
아침 해가 산골짜기 밝혀 둥지 학 하늘을 날고
저녁 안개에 구름과 용이 꿈꾸려 돌아가고 있네
자기 분수 지켜 족한 줄 알면 죄다 내 것인 것을
세상 다 쥘 것처럼 다투는 건 부질없음이여

산 좋고 물 맑은 동학사 경내에서 일상으로 펼쳐지는 자연과 인간의 조화로움을 피부로 느끼며

天見地觀　천견지관

彼遠見天顔兎烏　피원견천안토오
是留近境瞙些徒　시류근경막사도
地觀行步非顚石　지관행보비전석
虛艇迅趨危小湖　허정신추위소호

하늘 보고 땅도 보고

저 넓고 먼 하늘을 봐야 해와 달 얼굴 볼 수 있고
여기 가까운 곳에만 머물면 작은 무리에 눈이 머네
땅을 보고 천천히 걸어가야 돌에 넘어지지 않네
빈 거룻배가 빨리 달리면 작은 호수도 위태로우니

보다 큰 꿈을 갖고 노력해 나가야 함을 강조하는 한편 자신이 처한 환경과 역량 등도 아울러 헤아려 최선의 방법을 모색하는 것이 필요함을 말하고자

忠魂樹 충혼수

浮上迷其貌　부상미기모
耳門聯喊聲　이문련함성
烽煙移似電　봉연이사전
竟守愛民營　경수애민영
古志墟堅白　고지허견백
今三立援嬰　금삼립원영
嗚呼根約結　오호근약결
必也覺忠勍　필야각충경

충의 정신 나무

떠오르네 그 모습 아련히
함성이 잇닿네 귓바퀴에
봉화 연기 번개같이 보내
지켜냈네 사랑하는 사람 사는데
절개 지킨 옛터 변치 아니하여
오늘 셋이 감싼 느티나무 서있네
아아! 뿌리마저 묶어 결탁했네
반드시 센 충성심 터득하란 듯이

공주 월성산 봉화대 내 세 나무가 하나로 결합하고 뿌리마저 서로 얽힌 모습에서 국가 위난을 극복해내고자 힘을 합친 옛 백제 당시를 떠올리며

偕行　해행

宵中形雪國　소중형설국
暗夜訪無言　암야방무언
花笑枝純白　화소지순백
未安行履爰　미안행리원
山溪唯獨我　산계유독아
風諫生余尊　풍간생여존
孤客情單有　고객정단유
相沿解苦存　상연해고존

함께 감

한밤중에 온통 눈 나라를 만들었네
어두운 밤에 말도 없이 찾아와
맑고 깨끗한 가지 꽃 미소 짓네
여기 밟고 가며 마음 편치 못한데
산골짜기 시냇물은 나만 있다 하네
바람이 소중한 내 삶도 간하는데
홀로 있는 정취는 외로운 나그네
함께해야 고달픈 생각이 풀릴텐데

산골짜기에 내린 많은 눈과 맑은 시냇물, 바람이 따로따로가 아니라 서로 어우러져 새롭고 아름다운 정취를 자아낸다는 '함께' 의미를 나름으로 느끼며

弘夢　홍몽

斯身出生外元聲　사신출생외원성
日復大哉起悟驚　일부대재기오경
待福穹靈爲母禱　대복궁령위모도
地精依恃盡心誠　지정의시진심성
自晨至暮汗流學　자신지모한류학
徹夜親燈途善成　철야친등도선성
晚就弘量長話久　만취홍량장화구
淚珠刻苦耀天明　누주각고요천명

큰 꿈

이 몸 세상에 태어났네, 바깥에 처음으로 소리 내며
날마다 위대하도다! 가슴 뛰며 깨닫기 시작하네
복에 기대어 천상의 영에 두 손 모아 비는 어머니
토지의 정기에도 의뢰하여 온 정성 다 기울이시네
새벽부터 저물 때까지 땀 흘려 배우며 익히고
잠자지 않고 등불과 친해져 길이 잘 익어가네
늦게 성취한 큰 도량 긴 이야기로 머무르고
애쓴 고생 쏟아지는 눈물 하늘 별 되어 빛나네

사람은 출생 이후 자연적인 성장뿐만 아니라 큰 꿈을 갖고 열심히 노력하고 정성을 다하여 소기의 목표를 성취하고자 하는 가치 있고 아름다운 삶을 음미

최창학(崔昌學) 약력

■ 아호 : 세정(世正) 정암(正菴) 송암(松庵)

■ 출생 : 충남 보령시 내항동 왕대산(王臺山) 아래

■ 학력 :
• 대남초등학교 졸업
• 정심암중서당에서 한학 수학
• 고등학교 입학자격 검정고시 합격
• 대학 입학자격 검정고시 합격
• 공주교육대학 졸업
• 한국방송통신대학(행정학과) 졸업
• 공주대학교 교육대학원(교육행정 전공) 졸업(교육학 석사)

■ 자격
• 초등학교 교사
• 중등학교준교사자격고시검정(역사과) 합격
• 중등학교 교사
• 중등학교 교감·교장
• 한문지도사 훈장(특급) - 국가공인 자격관리·운영기관인 한자교육진흥회 주관, 한국 한자실력평가원 시행 한문지도사 자격시험 합격

■ 경력
 • 대전유천초 교사
 • 논산중·공주여중·공주여고·광천상고 교사
 • 충무교육원 교육연구사
 • 충청남도교육청 장학사, 장학관, 중등교육과장
 • 충청남도부여교육청 교육장
 • 공주여고·부여고·논산여고 교장
 • 공주대학교 사범대학 강사
 • 건양대학교 입학사정관

 • 공주대학교교육대학원 교육행정학회장
 • 충남역사교육연구회 회장 역임 外

■ 상훈
 • 충청남도교육감
 • 한국교원단체총연합회장
 • 교육부장관
 • 대통령
 • 황조근정훈장 外

■ 저서〈교육〉
 • 결국 교육이다(최창학의 교육 삶 1 : 교육수상록)
 • 세계는 교육박물관이다(최창학의 교육 삶 2 : 국외 교육연수답사기)
 • 교육담론(최창학의 교육 삶 3 : 각종 출판물 게재 글 모음)

- 초빙교장 일기(최창학의 교육 삶 4 : 학교장 일기)
- 세정평전(최창학의 교육 삶 5 : 서간문집)
- 교직실무(대학교재) 外

■ 문화·예술
- 서화전〈행복한 동행〉: 결혼 50주년 기념 부부서화전
  (2021. 공주문화원, 서예:세정 · 문인화:송현)
- 한시집〈산처럼 바다같이 : 若山如海〉

若山如海
산처럼 바다같이

산처럼 바다같이 若山如海

발 행 일 | 2025년 2월 22일
지 은 이 | 최창학

발 행 인 | 이헌석
발 행 처 | 오늘의문학사
출판등록 | 제55호(1993년 6월 23일)
주　　소 | 대전광역시 동구 대전로 867번길 52(삼성동 한밭오피스텔 401호)
전화번호 | (042)624-2980
팩시밀리 | (042)628-2983
카　　페 | http://cafe.daum.net/gljang (문학사랑 글짱들)
인터넷신문 | www.k-artnews.kr(한국예술뉴스)
전자우편 | hs2980@daum.net
계좌번호 | 농협 405-02-100848 (이헌석 오늘의문학사)

발 행 인 | 한국출판협동조합
주문전화 | (02)716-5616
팩시밀리 | (02)716-2999

ISBN 979-11-6493-365-5
값 20,000원

ⓒ최창학 20225

* 이 책의 판권은 저작권자와 오늘의문학사에 있습니다.
* 이 책은 ㈜교보문고에서 E-Book(전자책)으로 제작·판매합니다.
* 잘못 만들어진 책은 구입하신 서점에서 교환해 드립니다.